세 마리 토끼 잡는

초등 한국사

[3권] 고려 시대

NE 능률

이 책을 쓴 분들

강영주(지에밥 창작연구소 대표, 〈세 마리 토끼 잡는 독서 논술, 초등 독해〉 기획 및 집필)
김경선(작가, 〈세 마리 토끼 잡는 독서 논술, 초등 독해〉 집필)
한화주(작가, 〈세 마리 토끼 잡는 독서 논술, 초등 독해〉 집필)
한현주(작가, 〈세 마리 토끼 잡는 독서 논술, 초등 독해〉 집필)
박지영(작가, 〈세 마리 토끼 잡는 초등 독해〉 기획 및 편집)

이 책을 감수한 선생님들

김명수(용인 모현초등학교)
한희란(용인 양지초등학교)
양준호(수원 광교초등학교)

이 책을 만든 분들

박지영(기획 편집자), 이국진(기획 편집자),
최영은(기획 편집자), 강영주(기획 편집자)

세 마리 토끼 잡는 초등 한국사

3권 고려 시대

1판 4쇄 2022년 2월 25일 | **펴낸이** 주민홍
총괄 김진홍 | **기획 및 편집** 지에밥 창작연구소 | **연구원** 김지연, 이자원, 박수희 | **펴낸곳** ㈜NE능률 | **디자인** 장현순 | **그림** 우지현, 유남영, 김정진, 이형진, 윤유리, 이혁, 김석류 | **영업** 한기영, 이경구, 박인규, 정철교, 김남준, 김남형, 이우현 | **마케팅** 박혜선, 고유진, 김여진 | **주소** 서울특별시 마포구 월드컵북로 396(상암동) 누리꿈스퀘어 비즈니스타워 10층 (우편번호 03925) | **전화** (02)2014-7114 | **팩스** (02)3142-0356 | **홈페이지** www.nebooks.co.kr | ISBN 979-11-253-3523-8

제조년월 2022년 2월 제조사명 ㈜NE능률 제조국 대한민국 사용연령 7~11세

<세 마리 토끼 잡는 초등 한국사>를 펴내며

하루하루 실력이 성장하는 역사의 주인공이 되세요!

아이가 자라면 가족과 친구를 벗어나 사회 문제에 관심을 갖기 시작합니다. 그러다가 어느 날 문득 뜻밖의 질문을 합니다.

"우리나라를 처음 세운 사람이 누구예요?"

"옛날에는 왜 남자도 머리를 길렀어요?"

"이순신 장군은 어떻게 배 13척으로 일본군을 무찔렀어요?"

역사에 대한 호기심이 생긴 것이지요. 그렇다면 이제 아이가 역사를 공부하기에 좋은 때가 된 것입니다. 역사를 공부한다는 것은 지금까지 경험한 세계를 뛰어넘어 시공간이 다른 사건과 인물을 만나는 일이기 때문이지요.

역사는 '과거와 현재의 대화'라고 합니다. 과거의 기록인 역사가 현재를 사는 우리에게 많은 교훈과 해법을 제공해 주기 때문입니다.

우리 민족은 세계 최초로 금속 활자를 발명했고, 한글이라는 훌륭한 문자를 가지고 있습니다. 또한, 『팔만대장경』과 『조선왕조실록』이라는 뛰어난 역사 기록물들을 소중히 보존하고 있습니다. 그러므로 이제 막 역사에 관심을 갖기 시작한 아이에게 우리 역사의 소중함을 깨닫게 하고, 역사를 제대로 이해할 수 있도록 하는 일은 무엇보다 중요합니다.

<세 마리 토끼 잡는 초등 한국사>는 이와 같은 점을 고려하여 기획하고 구성하였습니다.

첫째, 역사 이야기를 재미있게 읽으며 교훈을 얻게 한다.

둘째, 정확한 자료를 바탕으로 역사 지식을 키우고 실력을 확인하게 한다.

셋째, 한국사를 중심으로 세계사를 이해하며 폭넓은 역사관을 갖게 한다.

<세 마리 토끼 잡는 초등 한국사>는 이와 같은 기획을 완성하기 위해 최고의 기획진과 작가진들이 내용을 구성하고, 현장의 선생님들이 한 자 한 자 감수해 주셨습니다. 모쪼록 이 책으로 아이가 하루하루 실력을 쌓으며 새롭게 펼쳐질 역사의 주인공이 되기를 기대합니다.

세 마리 토끼 잡는 초등 한국사 란?

어떤 책인가요?

〈세 마리 토끼 잡는 초등 한국사〉는 역사에 대한 호기심을 재미있는 역사 이야기로 풀면서 배경지식을 쌓고 다양한 문제로 실력을 키울 수 있는 책입니다.

몇 권으로 구성했나요?

〈세 마리 토끼 잡는 초등 한국사〉는 한국사를 시대별로 총 6권으로 나누어 실었습니다.

단계	1권	2권	3권	4권	5권	6권
대상 학년	전 학년	전 학년	전 학년	전 학년	전 학년	전 학년
시기	선사 시대~ 삼국 시대	삼국 통일~ 남북국 시대	고려 시대	조선 전기	조선 후기	대한 제국~ 대한민국
권수	1권	1권	1권	1권	1권	1권

세 마리 토끼란?

'한국사, 세계사, 기출 문제'를 말합니다. 한국사를 중심으로 사건을 살피고 이것을 세계사에 연결시켜 자주 출제되는 문제로 확인하는 과정에서 통합적으로 역사를 이해할 수 있습니다.

한국사
- 재미있는 이야기를 읽으며 한국사를 이해함.
- 한국사 지식을 정확한 역사 정보로 살펴보고, 핵심 문제로 확인함.

세계사
- 한국사의 주요 사건을 세계사와 연결시켜 통합적으로 이해함.
- 한국사의 흐름을 세계사의 흐름 속에서 폭넓게 이해함.

기출 문제
- 한국사를 초등 교육 과정과 연결하여 학교 공부에 도움을 줌.
- 한국사 실력을 키워 학교 시험, 한국사능력검정시험 등에 대비함.

하루에 세 장씩 학습하면 한 달 안에 역사가 한눈에 쏘옥!

세 마리 토끼 잡는 초등 한국사 는 이런 점이 다릅니다

● 한국사를 초등 교과와 긴밀하게 연결했습니다.

한국사의 흐름을 〈초등 사회 5-2, 6-1〉 교과 내용과 연결 지어 각 권을 구분하고, 주요 사건을 교과 주제에 연결하였습니다.

● 한 권 안에 통합 교과적 내용을 수록했습니다.

시대별 한국사를 정치, 경제, 사회, 문화 등 다양한 영역으로 구성하고, 왕권 위주의 역사가 아닌, 사회 흐름 변화사로 구성해서 통합 교과적 사고 능력을 키울 수 있도록 하였습니다.

● 역사적 사실을 바탕으로 역사 이야기를 구성했습니다.

이야기의 재미를 위해 불분명한 역사적 사실로 재구성하는 것을 지양하고, 주요 사건을 역사적 사실을 바탕으로 풀어 흥미롭게 구성했습니다.

● 검증된 자료로 정리하고 다양한 문제로 확인하도록 했습니다.

역사 이야기에서 다룬 내용을 출처가 명확한 역사 정보로 정리했고, 학교 시험이나 한국사능력검정시험에 도움이 되는 다양한 문제를 수록하여 실력을 쌓을 수 있도록 구성했습니다.

● 한국사와 관련된 세계사를 한눈에 볼 수 있도록 했습니다.

한국사의 주요 사건이 있었던 때의 세계사나 한국사와 비슷한 일이 있었던 세계사 등 한국사를 폭넓은 관점에서 살필 수 있도록 정리했습니다.

● 다양한 시각 자료를 수록하여 역사에 현장감을 주었습니다.

역사 이야기의 재미와 배경지식의 이해를 도울 수 있는 그림, 사진, 지도 등을 실어 읽는 이가 역사 안에 있는 것 같은 느낌을 줄 수 있도록 구성하였습니다.

세 마리 토끼 잡는 초등 한국사 는 이렇게 구성되었습니다

파트 소개

파트별(주차별) 학습 내용
한 주 학습을 하기 전에 공부할 내용을 한눈에 볼 수 있도록 내용을 간단히 정리했습니다.

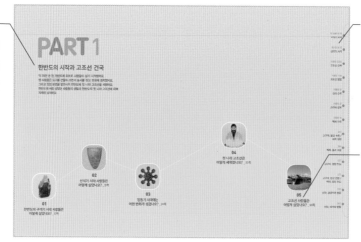

권별 연표
한 권에 수록된 시대의 주요 사건을 연도 순으로 정리했습니다.

일차 제목
하루 학습에서 알아볼 내용을 시각 자료를 통해 먼저 살펴보도록 했습니다.

이야기 속으로 1

이야기
역사적 사실을 바탕으로 한 재미있는 역사 이야기와 그림을 실었습니다.

역사 돋보기
이야기에서 중요하거나 자세히 알아볼 내용을 검증된 역사적 사실과 사진을 통해 설명했습니다.

시대 연표
이야기가 일어난 시대가 언제인지 한국사 연표에서 확인할 수 있습니다.

낱말 풀이
이야기에서 역사 용어나 어려운 낱말을 그때그때 찾아보도록 자세히 풀이했습니다.

공부하기 전에
자세히 읽고 학습 효과를
높이세요!

이야기 속으로 2

시각 자료

역사 이야기를 이해하는 데
도움이 되는 사진, 그림, 지
도 등을 실었습니다.

반짝 퀴즈

이야기에서 꼭 필요한 지식
과 정보를 빈칸 넣기 문제를
풀면서 살펴볼 수 있도록 구
성했습니다.

핵심 개념 정리

본문에서 배운 역사 이야기의
주요 내용을 〈초등 사회〉 교
과서의 내용을 토대로 정리
하였습니다.

역사 쏙쏙

교과 문제

한국사 주요 문제나 〈초등 사
회〉 교과에서 자주 출제되는
학습 문제를 실었습니다.

실력 문제

한국사능력검정시험에서 자
주 출제되는 기출 문제를 응
용하여 실었습니다.

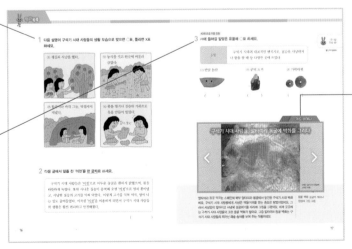

카드 세계사

한국사의 주요 사건이 있었
던 때에 벌어진 세계사 속 사
건이나 한국사와 비슷한 일
이 일어났던 세계사를 간단
한 카드 형식으로 정리하였
습니다.

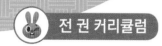

세 마리 토끼 잡는 초등 한국사의 커리큘럼

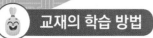

세 마리 토끼 잡는 초등 한국사 이렇게 공부하세요

1 매일매일 꾸준히 공부해요.

〈세 마리 토끼 잡는 초등 한국사〉는 매일 6쪽씩 꾸준히 공부하는 책이에요. 역사 이야기를 재미있게 읽으면서 역사적 사실을 이해하고, 실전 문제를 풀면서 실력을 확인할 수 있습니다. 공부가 끝나면 '○주 ○일 학습 끝!' 붙임 딱지를 붙여 보세요.

2 이야기에 나오는 내용을 교과서에서 찾아보아요.

하루 공부를 마치고 나면, 역사 이야기와 정리 내용을 교과서에서 찾아보세요. 역사 이야기를 재미있게 읽고 한국사를 정리하면 〈초등 사회〉 교과서의 내용을 저절로 이해할 수 있습니다.

3 더 알고 싶은 내용을 인터넷이나 다양한 책에서 찾아보아요.

본문에서 나온 내용을 더 알고 싶다면 역사 고전이나 역사 인물 이야기 등 관련된 읽을거리를 찾아 읽어 보세요. 한국사뿐 아니라 다양한 영역의 배경지식을 쌓을 수 있습니다.

재미있는 역사 이야기를 읽고 역사 지식을 쌓아서 역사 능력자가 되어 보세요!

한 주 학습표	월	화	수	목	금	토
	매일 6쪽씩 학습하고, '○주 ○일 학습 끝!' 붙임 딱지 붙이기					주요 내용 복습하기

세 마리 토끼 잡는 초등 한국사

3권 고려 시대

<table>
<thead>
<tr><th>주</th><th>일차</th><th>유형</th><th colspan="2">역사 주제</th></tr>
<tr><th></th><th></th><th></th><th>한국사</th><th>세계사</th></tr>
</thead>
<tbody>
<tr><td rowspan="5">1주</td><td>1</td><td rowspan="5">PART 1
고려의 건국과
기틀 마련</td><td>고려 건국과 후삼국 통일</td><td>베트남의 독립</td></tr>
<tr><td>2</td><td>태조 왕건의 정책</td><td>일본 사무라이의 등장</td></tr>
<tr><td>3</td><td>고려 광종 · 경종의 왕권 강화</td><td>송 건국과 문치주의</td></tr>
<tr><td>4</td><td>신분제와 여성의 지위</td><td>고대 스파르타 여성의 지위</td></tr>
<tr><td>5</td><td>고려 성종의 유교 정치</td><td>신성 로마 제국의 성립</td></tr>
<tr><td rowspan="5">2주</td><td>6</td><td rowspan="5">PART 2
고려의 문화와
사회적 변동</td><td>불교의 발전</td><td>클뤼니 수도원 개혁 운동</td></tr>
<tr><td>7</td><td>문벌 귀족과 이자겸의 난</td><td>여진족의 금 건국</td></tr>
<tr><td>8</td><td>귀족 문화의 발전</td><td>로마네스크 양식의 등장</td></tr>
<tr><td>9</td><td>무신 정변과 무신 정권의 성립</td><td>유럽 봉건제의 확산</td></tr>
<tr><td>10</td><td>무신 정권기 농민과 천민의 저항</td><td>바이킹의 북아메리카 대륙 이동</td></tr>
<tr><td rowspan="5">3주</td><td>11</td><td rowspan="5">PART 3
외적의 침입과
고려의 대응</td><td>거란의 침입과 고려의 대응</td><td>송, 왕안석의 개혁</td></tr>
<tr><td>12</td><td>여진족의 침입과 별무반의 설치</td><td>카노사의 굴욕</td></tr>
<tr><td>13</td><td>몽골의 침략</td><td>칭기즈 칸의 민족 통일과 원 건국</td></tr>
<tr><td>14</td><td>몽골로부터 나라를 지키기 위한 노력</td><td>영국, 대자문 회의</td></tr>
<tr><td>15</td><td>원의 간섭과 공민왕의 개혁</td><td>마르코 폴로의 『동방견문록』</td></tr>
<tr><td rowspan="5">4주</td><td>16</td><td rowspan="5">PART 4
고려의
대외 관계와
기술의 발달</td><td>국제도시 벽란도와 개경</td><td>길드의 등장</td></tr>
<tr><td>17</td><td>고려의 대외 관계</td><td>중세 유럽 도시의 성장</td></tr>
<tr><td>18</td><td>화약 개발과 목화 재배</td><td>십자군 전쟁</td></tr>
<tr><td>19</td><td>인쇄술의 발달과 역사책의 편찬</td><td>활자와 나침반의 발명</td></tr>
<tr><td>20</td><td>불교의 발전과 생활에 미친 영향</td><td>캄보디아의 앙코르 와트 사원 건립</td></tr>
</tbody>
</table>

PART 1

고려의 건국과 기틀 마련

936년, 고려는 마침내 갈라졌던 후삼국을 통일했어요.
고려 건국 초, 왕들은 어떻게 나라를 안정시켰을까요?
고려의 건국과 나라의 기틀을 마련하던 모습을 살펴봐요.

02
왕건은 건국 초 어떻게
나라를 안정시켰나요? _18쪽

03
광종은 어떻게 나라를
다스렸나요? _24쪽

01
왕건은 어떻게
고려를 세웠나요? _12쪽

04

신분에 따른 생활 모습은
어떻게 달랐나요? _30쪽

05

고려 시대에 유교는 어떻게
발전했나요? _36쪽

왕건은 어떻게 고려를 세웠나요?

공부한 날짜: ☐월 ☐일

호족
신라 말부터 대대로 지방에 살며 군사력과 경제력을 바탕으로 힘을 키운 사람들이에요. 호족은 왕의 힘이 미치지 않는 지방에서 왕처럼 백성을 다스렸어요. 스스로를 성주 또는 장군이라고 부르며 백성에게 세금을 거두기도 했지요.

왕위 임금의 자리.
건국 建(세울 건)과 國(나라 국)이 합쳐진 말로, 나라가 세워짐. 또는 나라를 세움.
공 일이나 목적을 이루는 데 들인 노력과 수고.

왕건, 고려를 세우다

"내가 신라의 다음 왕이 될 거야!"

"아냐, 내가 할 거야!"

신라 말 귀족들은 서로 왕이 되기 위해 싸우고, 죽이는 일을 반복했어요. 귀족들의 왕위 다툼으로 나라 안은 엉망이 되었지요.

이때 지방에서 조용히 힘을 키우는 세력이 있었어요. 바로 호족이에요. 지방의 힘센 호족이었던 견훤과 궁예는 자신을 따르는 부하들을 데리고 나라를 세우기로 했어요. 견훤은 지금의 전주인 완산주에 후백제를, 궁예는 지금의 개성인 송악에 후고구려를 세웠지요.

이때 왕건이 궁예 옆에서 후고구려의 건국을 도왔어요. 왕건 역시 송악(개성)의 능력 있는 호족 출신이었어요. 왕건은 항상 고구려를 잇는 새로운 나라를 꿈꾸었어요. 겨우 열아홉 살에 후고구려의 장군이 된 왕건은 여러 전쟁에서 큰 공을 세웠지요.

후고구려의 영광을 위하여!

후고구려의 왕이 된 후 궁예는 점차 변해 갔어요. 나랏일에는 관심이 없었고, 힘을 과시하기 위해 죄 없는 신하들을 죽였지요. 반면 왕건은 백성을 위한 정책을 꾸준히 펼치며 백성과 호족의 마음을 읽고 있었어요.

"궁예는 너무 난폭해."

"차라리 왕건을 왕으로 세우자."

918년, 왕건은 자신을 지지하는 사람들과 함께 궁예를 몰아내고 왕이 되었어요. 그리고 나라 이름을 고려로 바꾸고 이듬해, 철원에서 자신의 고향인 송악으로 도읍을 옮겼지요.

아주 오랜 옛날, 고구려는 고려라고 불리기도 했어요. 중국 역사책에 고구려가 고려라고 쓰여지기도 했지요. 왕건이 세운 고려라는 나라 이름에는 역사상 가장 넓은 땅을 차지한 고구려의 정신을 잇고자 했던 큰 꿈이 담겨 있던 거예요.

고려의 건국과 후삼국 통일

과시하다 자랑하여 보이다.
난폭하다 행동이 몹시 거칠고 사납다.
지지하다 누군가를 돕기 위해 힘을 쓰다.
이듬해 바로 다음의 해.

반짝퀴즈 Q1
왕건은 궁예를 몰아내고 새로운 나라인 □□을/를 건국했다.

이제부터 나라 이름을　고려라 할 것이다.

13

후삼국을 통일하다

고려의 왕이 된 왕건에게는 아직 해야 할 일이 남아 있었어요. 바로 여러 개로 나누어진 나라를 하나로 합치는 일이었어요.

'신라와 후백제를 통일하지 못하면 고려는 반쪽짜리 나라에 지나지 않아. 반드시 통일을 이루어야 한다.'

왕건이 고려를 세울 무렵 우리나라는 고려, 후백제, 신라가 서로 힘겨루기를 하고 있었어요. 왕건은 여러 개로 쪼개진 힘을 하나로 합쳐 더욱 강한 고려를 만들고자 했어요. 그래서 후삼국을 통일하기 위해 여러 가지 노력을 기울였지요.

왕건은 신라와 친하게 지내는 한편, 후백제와는 전쟁을 벌였어요. 한때 후백제와의 전투에서 지고 위기를 겪었지만, 몇 년 뒤 고려는 전투에서 크게 승리하기도 했어요. 그 가운데 후백제는 견훤의 자식들 사이에 왕위 다툼이 일어나 힘이 약해지고 있었지요. 그러던 중 신라가 고려에 항복했고, 이후 고려는 후백제를 물리치며 마침내 후삼국을 통일했어요(936년).

"태조 왕건 만세!"

"하나 된 고려 만세!"

왕건은 고려를 세운 지 18년 만에 후삼국을 통일했어요. 이 과정에서 백성의 세금을 줄여 주고 군대로 하여금 백성에게 피해를 주지 않게 하여 큰 지지를 얻었지요. 이렇게 늘 백성을 살폈던 왕건의 마음은 고려가 후삼국을 통일하는 데에 큰 힘이 되었어요.

오래전 신라는 삼국을 통일할 때 당의 힘을 빌려 통일을 완성했어요. 하지만 고려는 다른 나라의 도움 없이 온전한 후삼국 통일을 이루었지요. 한편 지방 호족 출신인 왕건이 후삼국을 통일하는 모습은 사람들에게 나라를 바꾸는 일이 왕족이나 귀족만이 할 수 있는 일이 아니라는 사실을 보여 주었어요. 무엇보다 고려의 후삼국 통일은 호족뿐만 아니라 신라인과 멸망한 발해인까지 포용하는 진정한 민족의 통합이었다는 점에서 큰 의미가 있었지요.

온전하다 잘못된 것 없이 바르고 옳다.
멸망하다 망하여 없어지다.
포용하다 남을 너그럽게 감싸 주거나 받아들이다.
진정하다 참되고 올바르다.

후삼국을 통일했어!

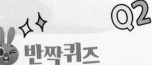

반짝퀴즈 Q2

고려를 세운 왕건은 □□□을/를 통일하여 진정한 민족의 통합을 이루었다.

⭐ 고려의 건국과 후삼국 통일

- 호족은 신라 말부터 대대로 지방에 살며 군사력과 경제력을 바탕으로 힘을 키웠던 사람들이다.
- 지방 호족 출신인 견훤은 완산주에 후백제를, 궁예는 송악에 후고구려를 건국했다.
- 궁예의 부하였던 왕건은 자신을 지지하는 사람들과 함께 궁예를 몰아내고 고려를 세웠다(918년).
- 왕건이 이끄는 고려는 신라와 후백제를 멸망시키고 마침내 후삼국을 통일했다(936년).
- 고려의 후삼국 통일은 호족, 신라인, 멸망한 발해인까지 받아들인 진정한 민족의 통합이었다.

1 다음에서 친구들이 설명하는 '이 세력'은 누구인지 쓰세요.

신라 말의 혼란을
틈타 지방에서
성장했어.

견훤과 궁예,
그리고 왕건도 이 세력
출신이었어.

고려의 건국과
후삼국의 통일에
큰 영향을 끼쳤지.

(   )

2 다음 지도의 ⑺ 나라를 세운 사람에 대한 설명으로 알맞은 것은 어느 것입니까? (   )

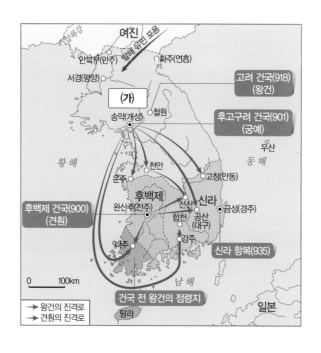

① 신라 귀족 출신이다.

② 후삼국을 통일하였다.

③ 송악에서 철원으로 도읍을 옮겼다.

④ 아들 신검이 절에 가두자 고려를 도왔다.

⑤ 죄 없는 신하를 죽이고 나랏일에 관심이 없었다.

3 다음 ㉮~㉣를 사건이 일어난 순서대로 쓰세요.

1주 1일
학습 끝!

붙임 딱지 붙여요.

(   ) ➡ (   ) ➡ (   ) ➡ (   )

카드 세계사

「박당강 전투」

고려가 후삼국을 통일하고 얼마 뒤, 베트남은 중국의 오랜 지배에서 벗어나 독립을 이루었어요. 오래전 한의 무제에 의해 정복된 후, 베트남은 약 천 년에 걸쳐 중국의 지배를 받아 왔어요. 그러다가 939년 베트남의 응오꾸옌(Ngo Quyen) 장군이 박당강 전투에서 당 군대에 크게 승리함으로써 마침내 독립을 하게 되었지요. 그러나 얼마 후, 베트남은 다시 중국 송의 지배를 받게 되었어요.

무제 중국 한의 제7대 황제로, 영토를 크게 넓힘.

1주

왕건은 건국 초 어떻게 나라를 안정시켰나요?

공부한 날짜: ☐ 월 ☐ 일

사성 정책

왕건은 고려 건국에 공을 세운 일부 호족에게 자신과 같은 '왕씨' 성을 내리고, 지방의 호족에게는 그 지역의 이름을 따서 '김해 김씨' 같은 본관(가문의 첫 번째 조상이 태어난 곳)과 성을 내렸어요. 이것을 사성 정책이라고 해요. 왕건은 사성 정책을 통해 호족의 지방 통치를 인정하는 모습을 보여 주었지요.

왕권 왕의 힘이나 권리.
가문 가족 또는 가까운 일가로 이루어진 집단.

호족을 달래고, 경계하다

고려 건국과 후삼국 통일에 가장 큰 역할을 한 것은 호족이었어요. 왕건은 건국 초기부터 호족을 끌어안아 왕권을 안정시키려고 했지요.

그 첫 번째 방법은 호족의 딸과 결혼하는 것이었어요. 왕건은 호족의 딸과 무려 29번이나 결혼을 했고, 그 사이에서 낳은 자식이 34명이나 되었어요. 결혼을 통해 왕건과 호족은 돈독한 관계가 되었어요.

태조 왕건

'호족의 딸과 결혼했으니 나를 배신하지는 않을 거야.'

'내 딸이 왕과 결혼했으니 우리 가문의 힘은 더 세질 거야.'

왕건은 고려 건국에 공을 세운 호족에게 땅과 관직은 물론 자신의

성인 '왕씨' 성을 내리기도 했어요. 이러한 극진한 대접에 호족들은 왕건을 더욱 믿고 따랐지요.

하지만 왕건이 호족에게 무조건 잘해 주기만 한 것은 아니에요. 때로는 호족을 견제하기도 했어요. 대표적으로 '사심관 제도'와 '기인 제도'가 있어요. 왕건은 지방을 다스리는 호족을 사심관에 임명했어요. 이로써 원래 지역을 다스리던 호족이 왕의 신하로서 일하게 되었지요. 한편 기인 제도는 지방 호족의 자식을 도읍인 송악(개성)에 머물게 하는 제도였어요.

"아들이 송악에 있으니 무조건 왕의 말을 잘 들어야겠구먼."

귀한 자식을 도읍으로 보낸 호족들은 지방에서 반란을 일으킬 수 없었어요. 반란을 일으켰다가 송악에 있는 자식의 목숨이 위험해질까 봐 두려웠기 때문이에요.

이처럼 왕건은 결혼 정책과 사성 정책으로 호족을 달래고, 사심관 제도와 기인 제도로 견제하며 초기 왕권을 안정시켰답니다.

극진하다 정성을 다하다.
견제하다 지나치게 자유롭게 행동하지 못하게 억누르다.
사심관 고려 시대에 중앙에 있으면서 고향의 일에 관여하던 관리.
임명하다 임무를 맡기다.
반란 정부나 지도자에게 반항하는 마음으로 난을 일으킴.

반짝퀴즈   Q1

왕건은 지방 호족을 □□□(으)로 임명함으로써 왕의 신하로 일하게 했다.

나라의 기틀을 다지다

호족을 달래고 경계하며 왕권의 안정을 꾀한 왕건은 나라를 발전시키기 위해서 안팎을 부지런히 살폈어요.

"어떻게 하면 백성을 더 편안히 살게 할 수 있을까?"

왕건은 제일 먼저 백성을 가장 괴롭히던 세금을 고치기로 했어요. 이제 백성은 농사를 지어 얻은 수확 중 10분의 1만 세금으로 내면 되었지요. 굶주린 백성에게는 곡식을 빌려주기도 했어요.

"나라가 바뀌니 세금이 줄어드는구나."

"고려 만세! 태조 왕건 만세!"

나라 밖으로는 옛 고구려 땅을 되찾기 위한 노력도 기울였어요. 왕건은 옛 고구려의 도읍이었던 평양을 고려의 도읍인 송악(개성)만큼 중요하게 여겼어요. 그래서 이곳을 서쪽의 수도라는 뜻으로 '서경'이라 부르며 각별히 챙겼지요. 왕건은 서경에 새롭게 성을 쌓고, 많은 백성이 옮겨 가 살게 했어요. 이후 고려는 서경을 중심으로 '북진 정책'을 추진하며 청천강 유역까지 영토를 넓혔지요.

왕건은 고려의 북쪽을 차지한 거란이 발해를 무너뜨렸다는 이유로 멀리했어요. 어느 날, 거란의 사신이 낙타 50필을 끌고 찾아왔어요.

"거란의 사신이 가지고 온 이 낙타들을 어찌하면 좋겠습니까?"

"꼴도 보기 싫다. 사신은 섬으로 귀양을 보내고, 낙타는 다리 아래 묶어 굶어 죽게 하라."

반면 왕건은 발해 유민들에게 매우 따뜻하게 대했어요. 발해는 고구려인이 세운 나라이기 때문에 모두 한 핏줄이라고 여겼기 때문이에요. 그래서 나라가 망한 후 떠도는 발해 유민을 따뜻하게 맞아 주었어요. 또한 멸망한 후삼국의 백성도 모두 고려의 백성으로 받아들여 고려의 통일을 더욱 의미 있게 만들었지요.

한편 자신이 죽은 후 고려가 다시 어지러워질 것을 걱정한 왕건은 후손들에게 주는 가르침인 〈훈요 10조〉를 남기고 세상을 떠났어요.

북진 정책 북쪽으로 진출하기 위해 나라에서 펼친 정책.
유역 강물이 흐르는 언저리.
영토 한 나라의 힘이 미치는 땅의 영역.
귀양 옛날에 죄를 지은 사람을 먼 시골이나 섬에 보내어 일정한 기간 동안 정해진 범위 안에서만 살게 하던 벌.
유민 없어진 나라의 백성.
핏줄 같은 피를 가진 사람들.

반짝퀴즈 Q2

왕건은 서경을 중심으로 □□ 정책을 추진하여 청천강 유역까지 영토를 넓혔다.

⬚ ⬚

⭐ 태조 왕건의 정책

- 호족을 끌어안기 위해 공을 세운 호족의 딸과 결혼을 하는가 하면 왕씨 성을 내리기도 했다.
- 호족을 견제하기 위해 사심관 제도와 기인 제도를 두었다.
- '서경'을 중요시하며 북진 정책을 추진하였고 그 결과 청천강 유역까지 영토를 넓혔다.
- 백성을 위해 세금을 줄여 주는가 하면 굶주리는 백성에게 곡식을 빌려주기도 했다.
- 후손들에게 주는 가르침인 〈훈요 10조〉를 남겼다.

1 왕건이 실시한 다음 제도에 대한 설명으로 바른 것을 줄로 연결하세요.

(1) 기인 제도 •

(2) 사심관 제도 •

• ① 호족을 그 지역을 다스리는 관리로 임명하는 제도.

• ② 호족의 자식을 송악(개경)에 머물게 하는 제도.

2 태조 왕건이 후손들에게 다음 〈훈요 10조〉를 남긴 이유는 무엇입니까?

(　　　)

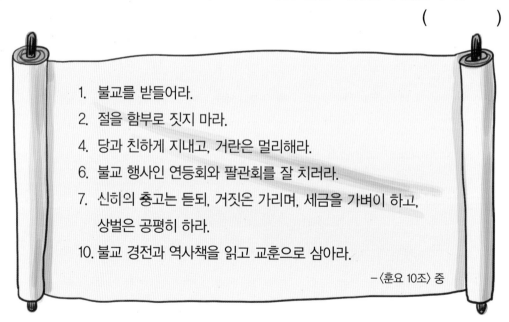

1. 불교를 받들어라.
2. 절을 함부로 짓지 마라.
4. 당과 친하게 지내고, 거란은 멀리해라.
6. 불교 행사인 연등회와 팔관회를 잘 치러라.
7. 신하의 충고는 듣되, 거짓은 가리며, 세금을 가벼이 하고, 상벌은 공평히 하라.
10. 불교 경전과 역사책을 읽고 교훈으로 삼아라.

－〈훈요 10조〉 중

① 호족을 견제하기 위해서
② 후삼국을 통일하기 위해서
③ 멸망한 발해를 다시 일으키기 위해서
④ 나라에 공을 세운 호족에게 상을 주기 위해서
⑤ 자신이 죽은 후 고려가 다시 어지러워질 것을 걱정해서

3 다음 인물 카드의 빈칸에 들어갈 말은 무엇입니까? (   )

1주 2일
학습 끝!

붙임 딱지 붙여요.

• 고려를 건국하고 후삼국을 통일함.
• 결혼 정책과 사성 정책으로 호족을 달래는 한편 견제하는 제도를 두기도 함.
• 옛 고구려의 도읍인 ☐☐☐을/를 중요시하고 이곳을 중심으로 북진 정책을 추진함.

태조 왕건

① 서경   ② 송악   ③ 금성   ④ 철원   ⑤ 완산주

카드 세계사

일본, 사무라이의 기원이 등장하다

후훗!

고려가 나라의 기틀을 잡아갈 무렵, 일본은 중앙 세력의 다툼으로 지방까지 다스리기 어려웠어요. 그래서 지방 세력가인 '고쿠시'에게 각 지방을 다스리며 세금을 걷게 했어요. 이들은 농민인 '다토'에게 땅을 주고 관리하게 했어요.
얼마 후 힘이 세진 다토 중 일부가 고쿠시와 충돌했는데 이때 다토들이 스스로를 지키기 위해 만든 무력 집단이 바로 사무라이의 기원이 되었어요.

무력 군사상의 힘.

광종은 어떻게 나라를 다스렸나요?

공부한 날짜: ☐월 ☐일

과거 제도
시험을 통해 관리를 뽑는 과거 제도는 중국에서 먼저 시행되었던 제도예요. 중국에서 사신으로 고려에 왔던 쌍기는 훗날 고려인이 되어 과거 제도를 시행할 것을 광종에게 건의했지요. 광종은 이를 받아들여 과거 제도를 시행하기로 했고 958년, 최초의 과거 시험이 치러졌어요.

양인 천민 이외의 모든 사람. 일반 백성이 대부분이었음.
노비 남의 집이나 기관 등에 속해 천한 일을 하던 사람.
실시하다 실제로 시행하다.

호족의 힘을 약하게 하다

"다시 양인이 된 것을 축하하네."
"고맙네. 이제 세금도 내고 사람답게 살아야지."

고려의 제4대 왕 광종은 왕이 되고 난 후

순천 송광사 고려고문서(노비 문서)

일부 노비를 풀어 주기 시작했어요. 신분제가 사라지기라도 한 것일까요?

후삼국 통일 과정에서 전쟁에 진 나라의 백성 중 일부는 노비가 되었어요. 시간이 지나며 노비들은 호족의 중요한 재산이 되었지요. 광종은 호족의 힘을 약하게 하고, 왕의 힘을 키우기 위해 늘어난 노비의 수를 줄이기로 했어요. 그래서 노비들 가운데 원래 양인이었던 사람을 찾아내 다시 양인이 되게 하는 '노비안검법'을 실시했지요. 노비를 잃은 호족의 세력은 약해졌고 노비에서 양인이 된 사람들이

도대체 무슨 생각으로 저런 제도를 실시하는 거야?

우리의 힘을 약하게 하려는 거 아닌가.

엄마, 억울하게 노비가 된 사람들을 양인으로 풀어 준대요!

'노비안검법 실시'
억울하게 노비가 된 자를 양인으로 풀어 준다.

잘 됐구나! 이제 우리도 평범하게 살 수 있어.

24

낸 세금으로 나라 살림이 넉넉해지며 왕의 힘이 강해지게 되었어요.

광종이 이렇게 왕권 강화에 힘쓴 것은 왕건이 죽은 후 일어난 호족들의 다툼 때문이었어요. 호족과의 결혼으로 왕권을 안정시킨 왕건이 죽자, 수많은 왕비와 왕자들이 왕위를 넘보기 시작했어요. 이들은 왕이 되기 위해 서로를 해치는 일도 서슴지 않았어요. 이를 지켜보던 광종은 다시는 이런 일이 생기지 않도록 왕권을 강화하기로 했지요.

한편 광종은 '과거 제도'를 실시하기도 했어요. 이전까지 고려에서는 아무리 능력이 뛰어난 사람이라도 힘 있는 호족의 추천을 받지 못하면 관리가 되기 어려웠어요.

"저를 추천해 주십시오. 관리가 되려고 열심히 공부했습니다."

"공부? 그런 거 필요 없어. 고려 관리는 내 추천 하나면 된다고!"

이로 인한 문제가 점점 커지자 광종은 과거 시험을 통해 공정하게 관리를 뽑아 해결하고자 했어요. 당시 많은 호족이 여기에 반대했지만 광종은 과감하게 과거 제도를 실시했답니다.

해치다 누군가를 다치게 하거나 죽이다.
서슴다 머뭇거리며 망설이다.
추천 어떤 조건에 적합한 대상을 책임지고 소개함.

Q1

✨ 반짝퀴즈

고려의 제4대 왕 □□은/는 왕권 강화를 위해 노비안검법, 과거 제도 등을 실시했다.

'과거 제도 실시'
과거 시험을 통해 능력 있는 관리를 뽑는다.

진짜? ?

나처럼 평범한 사람도 관리가 될 길이 열리는구나.

제도를 새롭게 하다

광종이 왕이 되면서 관리를 뽑는 방법만 달라진 것이 아니었어요. 새롭게 '공복 제도'가 실시되어 관리들이 입는 옷도 달라졌어요.

공복 제도란 관리의 직급에 따라 다른 색깔의 옷을 입는 제도를 말해요. 이 제도에 따라 고려의 관리들은 직급이 높은 순서대로 자주색, 붉은색, 주황색, 초록색의 공복을 입게 되었지요.

"옷 색깔을 보니 나보다 직급이 낮군."

"아이고, 못 알아봬서 죄송합니다."

직급에 따라 옷 색깔이 다르니 입은 옷만 보아도 관직의 높고 낮음을 한눈에 알아볼 수 있었어요. 광종은 공복 제도를 통해 관리 간의 질서는 물론 신하와 왕의 위치를 뚜렷하게 구분하려 했지요.

한편 광종은 자신을 왕이 아닌 황제로 부르고, 도읍인 개경을 황도라고 부르게 했어요. 또 중국의 연호를 버리고 고려만의 독자적인 연호를 사용하기도 했지요. 여기에는 중국에 얽매이지 않고 고려가 중심이 되는 세상을 꿈꾸었던 광종의 생각이 잘 담겨 있어요.

26

광종의 뒤를 이어 왕이 된 경종도 왕권 강화에 필요한 제도를 실시 했어요. 바로 '전시과'예요.

"이제부터 관리들은 새로 시행되는 전시과에 따라 땅 대신 세금을 녹봉으로 받도록 하시오!"

전시과의 '전'은 곡식을 얻을 수 있는 땅인 전지, '시'는 땔감을 얻을 수 있는 땅인 시지를 의미해요. 전시과는 이 전지와 시지에 대하여 관리가 세금을 걷을 수 있는 권리를 주는 제도예요. 전시과에 따라 관리가 거두어들이는 세금 중 일부는 관리의 녹봉이 되었어요. 관리마다 직급이 다르고 여기에 따라 나라에서 받는 땅의 크기도 달랐기 때문에 녹봉도 달랐지요.

전시과의 실시를 통해 나라에서는 백성에게 거두는 세금과 관직을 동시에 관리할 수 있었어요. 이것은 결과적으로 왕권을 강화하는 결과를 가져왔답니다.

녹봉 옛날 관리들이 일을 한 대가로 받는 돈이나 곡식 등.
권리 어떤 일을 하거나 누릴 수 있는 자격.

Q2

반짝퀴즈

□□□은/는 관리에게 땅에 대한 세금을 걷을 수 있는 권리를 주었던 제도이다.

□ □ □

예, 폐하.

★ **고려 광종 · 경종의 왕권 강화**

• 노비안검법은 양인이었다가 억울하게 노비가 된 사람을 다시 양인이 되게 하는 제도이다.

• 과거 제도는 시험을 통해 능력 있는 관리를 뽑았던 제도이다.

• 광종은 스스로를 황제라 하고, 독자적 연호를 사용하며 고려가 중심이 되는 세상을 꿈꿨다.

• 경종은 관리에게 땅에 대한 세금을 걷을 수 있는 권리를 주는 전시과를 실시해 왕권을 강화했다.

1 다음 중 '노비안검법'에 대해 바르게 알고 있는 친구에 ○표 하세요.

(1) 억울하게 노비가 된 사람을 다시 양인이 되게 하는 제도야.

(   )

(2) 관리들은 땅 대신 세금을 녹봉으로 받게 되있어.

(   )

(3) 호족의 세력이 더 커지는 데 큰 역할을 했어.

(   )

(4) 노비의 수가 많이 늘어나고 귀족의 수는 줄어들었어.

(   )

2 고려 시대에 다음 제도들을 실시한 공통된 이유는 무엇입니까? (   )

• 전시과   • 공복 제도   • 노비안검법

① 세금을 거두기 위해서
② 왕권을 강화하기 위해서
③ 옛 고구려를 잇기 위해서
④ 호족의 힘을 강하게 하기 위해서
⑤ 능력 있는 인재를 관리로 뽑기 위해서

3 다음 (가)에 공통으로 들어갈 말은 무엇입니까? (   )

1주 3일
학습 끝!

붙임 딱지 붙여요.

안내문

지금까지 고려의 관리는 힘 있는 호족의 추천으로 뽑혔습니다. 그러나 앞으로는 달라집니다. [(가)] 제도를 실시하여 능력에 따라 관리를 선발하게 됩니다. 많은 호족이 반대하고 있지만 광종은 강력하게 [(가)] 제도를 주장하고 있습니다. 958년, 첫 번째 [(가)] 시험이 열림을 알려 드립니다.

① 골품   ② 양천   ③ 음서   ④ 과거   ⑤ 노비

카드 세계사

고려가 왕권 강화를 위해 여러 가지 제도를 실시할 무렵, 중국에서는 송이 여러 개의 나라로 나누어져 있던 중국을 하나로 통일했어요(960년). 크고 작은 나라를 물리치고 송을 건국한 태조 조광윤은 능력 있는 신하들을 뽑기 위해 과거 제도를 실시했어요. 그러나 지나치게 문관을 중요하게 여긴 나머지 군사를 담당하는 일까지 문관에게 맡겨서 송의 군사력은 점점 약해졌답니다.

> 문관 학문이나 법률, 제도 등을 맡아보던 관리.
> 군사력 전쟁을 수행할 수 있는 능력.

신분에 따른 생활 모습은
어떻게 달랐나요?

다양한 세금
고려 시대에 천민을 제외한 모든 양인은 세 가지 세금을 내야 했어요. 먼저 땅에 농사를 지어 내는 세금인 '조세'를 냈어요. 두 번째는 '공납'이에요. 공납은 지역마다 나는 특산물을 세금으로 내는 것을 말해요. 세 번째는 '역'으로, 노동력(무언가를 하는 데 필요한 사람의 능력)을 제공하는 것을 말해요. 역에 따라 양인은 전쟁이 나면 군인으로 나가서 싸우고, 나라에서 큰 공사를 할 때면 일꾼으로 일을 해야 했지요.

관청 나랏일을 하는 기관.

신분에 따라 생활 모습이 다르게 나타나다

고려는 신분에 따라 하는 일이 철저하게 구분된 나라였어요. 하는 일이 다르니 자연스럽게 생활 모습도 서로 다르게 나타났지요. 고려 시대에는 귀족과 중류층, 양민, 천민의 신분이 있었는데 그중 천민을 제외한 모든 사람은 양인에 속했어요.

귀족은 고려 시대의 최고 지배층이었어요. 높은 신분을 가진 귀족들은 나라에서 내린 땅과 벼슬로 부와 권력을 누리며 풍족하게 살았어요. 고려 초기에는 한 집안에서 대대손손 높은 관직에 나아가거나 왕실과의 결혼을 통해 강한 권력을 가지는 가문들이 생겨나기도 했는데, 이들을 문벌 귀족이라고 해요.

중류층 역시 지배층이었어요. 중류층에는 궁궐에서 일하거나 지방에서 일을 해 온 향리, 중앙 관청에서 일하는 사람 등이 속했는데 일부는 더 높은 관직을 얻기 위해 과거 시험을 보기도 했어요.

평민이라고도 부르는 양민은 고려에서 가장 많은 수를 차지했어요. 양민의 대부분은 평범한 농민이었는데, 이들을 백정 농민이라고 불렀지요. 이들은 농사를 지어 얻은 수확물로 세금을 내거나 나랏일에 불려가 일을 하기도 했어요.

"어머니, 저도 과거 시험을 보고 싶습니다."

"우리 같은 농민이 무슨 과거 시험이니? 그런 소리 하지 말고 농사일이나 돕거라."

원래 양민에 속하는 농민에게는 법적으로 과거를 볼 수 있는 자격이 있었어요. 그러나 농민이 과거 시험을 보고 실제로 관리가 되는 경우는 거의 없었어요. 바쁜 농사일로 인해 공부할 엄두조차 낼 수 없었기 때문이에요.

한편 고려에서 가장 낮은 신분은 천민이었어요. 노비와 무당, 악공, 광대 등이 여기에 속했는데, 이 중 노비는 재산처럼 여겨져 사고팔기도 했어요. 천민의 신분은 대대로 이어졌기 때문에 큰 사건이 없는 한 바뀌는 일이 거의 없었어요.

수확물 거두어들인 농작물.
법적 법에 따른 것.
자격 일정한 신분, 지위를 가지거나 어떤 일을 하는 데 필요한 조건이나 능력.
악공 음악을 연주하는 사람.
광대 가면극, 인형극, 줄타기, 땅재주, 판소리 등을 하던 사람을 통틀어 이르던 말.

Q1

🐰 **반짝퀴즈**

고려 시대에 천민 중 □□은/는 재산처럼 여겨져 사고팔기도 했다.

☐ ☐

노비답게 열심히 일하거라!

나도 사람답게 살고 싶다.

31

시집 말고 장가간다

우리말에는 '시집간다'는 말이 있어요. 여성이 결혼을 한 후 남편의 집, 즉 시집에 들어가서 사는 모습에서 나온 말이지요.

이 말은 고려 시대와는 거리가 먼 말이에요. 고려 시대에는 결혼 후 남자가 여자의 집에서 한동안 살았기 때문이에요. 바로 여기서 나온 말이 '장인(부인의 아버지), 장모(부인의 어머니)의 집에 간다.'는 뜻의 '장가간다'는 말이에요.

지위 신분에 따른 위치.
유산 죽은 사람이 남긴 재산.
갓 예전에 어른이 된 남자가 머리에 쓰던 모자의 하나.
미투리 삼이나 실 등을 꼬아 만든 줄로 짚신처럼 삼은 신.

아들과 딸이 동등한 지위를 가지다

고려 시대 여성의 사회적 지위는 어땠을까요?

관직에 나가는 것을 기준으로 할 때 여성의 지위는 그리 높지 않은 편이었어요. 고려 시대 여성은 관직에 오를 수 없었기 때문이에요. 하지만 일반적인 생활에서도 여성의 지위가 낮았던 것은 아니에요. 이것은 역사에 기록된 '손변의 재판'을 통해서 알 수 있어요.

어느 날, 지방의 관리인 손변에게 한 남매가 찾아왔어요. 남동생은 돌아가신 아버지의 유산이 잘못되었다며 판결을 해 달라고 했어요.

"아버지께서 모든 재산을 결혼한 누이에게 물려주고 어린 제게는 검은 옷 한 벌, 검정 갓 하나, 미투리 한 켤레, 종이 한 권만을 남기셨습니다. 어찌 모든 재산을 딸에게만 준단 말입니까?"

"동생의 유산을 뺏은 것이 아니에요. 정말로 아버지께서 모든 재산을 제게 물려주셨어요."

남매의 이야기를 들은 손변은 이렇게 말했어요.

"자식을 향한 부모의 사랑이 어찌 다를 수 있겠느냐?

32

네 아비는 유산을 똑같이 나눠 주면 결혼한 누이가 어린 동생을 소홀히 돌볼 것을 걱정하여 누이에게 유산을 준 것이다. 그리고 동생에게 옷과 신발 등을 남긴 것은 자란 후 그것으로 관가에 가서 재판을 신청하란 뜻이다. 그러면 관가에서 잘 해결해 줄 것이라고 여긴 것이지."

손변의 말을 들은 남매는 서로 손을 맞잡으며 눈물을 흘렸어요. 그러고는 다시 똑같이 유산을 나누어 가졌지요.

고려 시대에는 아들과 딸에 대한 차별이 없었어요. 고려 시대의 족보를 잘 보면, 자손들의 이름을 태어난 순서대로 적어 둔 것을 볼 수 있어요. 남성의 이름만을 적어 두거나 여성의 이름보다 먼저 적는 오늘날과는 다른 모습이지요. 결혼을 해도 여성과 남성의 권리는 다르지 않았어요. 아들과 딸이 부모의 제사를 번갈아 지내고, 결혼 후 남자가 여자의 집에 가서 사는 일도 흔했답니다.

Q2

반짝퀴즈

고려 시대에는 아들과 딸이 번갈아 가며 돌아가신 부모의 □□을/를 지냈다.

□ □

⭐ 신분제와 여성의 지위

- 고려 시대의 신분은 귀족, 중류층, 양민(평민), 천민으로 나뉘었다.
- 고려 시대에 천민을 제외한 모든 사람은 양인에 속했다.
- 문벌 귀족은 대대손손 관직에 나아가거나 왕실과의 결혼을 통해 권력을 가진 가문을 말한다.
- 양민 중 대부분은 농민이었고, 천민 중 노비는 재산처럼 여겨져 사고팔기도 했다.
- 고려 시대 여성은 관직에 오를 수는 없었지만 일상 생활에서는 아들과 딸에 대한 차별이 거의 없었다.

1 다음 고려 시대의 신분 중 (가)에 속하는 사람을 모두 고르세요. (   )

① 왕족 　　　　　　② 광대 　　　　　　③ 향리

④ 노비 　　　　　　⑤ 농민

2 다음 중 고려 시대 여성의 지위에 대해 잘못 알고 있는 친구에 ○표 하세요.

(1) 아들과 딸이
똑같이 재산을
물려받았어.

(2) 족보에 태어난
순서대로 이름을
올렸어.

(3) 여자는 부모의
제사를 지낼 수
없었어.

(   ) 　　　　　(   ) 　　　　　(   )

45회 기출 응용

3 다음 ㈎에 들어갈 신분은 무엇입니까? (   )

고려 시대의 | ㈎ |

• 대표적인 사람들: 향리, 서리, 하급 관리
• 특징: 더 높은 관직을 얻기 위해 과거 시험을 보기도 하였음.

① 양민   ② 천민   ③ 귀족
④ 왕족   ⑤ 중류층

카드 세계사

고대 스파르타의 여성들 역시 고려의 여성만큼 지위가 높았어요. 스파르타 여성은 남성과 마찬가지로 땅을 가질 수 있었고, 딸도 아들처럼 재산을 물려받았지요. 자식을 낳지 못하는 남성과 결혼한 여성은 다른 남성을 통해 자식을 낳을 수 있었는데, 전쟁이 잦은 스파르타에서 아이는 곧 군사력이었기 때문이에요. 태어난 아이들은 남녀 관계없이 모두 군사 훈련을 받아야만 했어요.

군사 훈련 군사상의 지식이나 기능을 기르는 훈련.

35

고려 시대에 유교는 어떻게 발전했나요?

시무 28조
고려 성종 때 최승로가 왕이 지금 해야 할 28가지 일을 정리하여 올린 글이에요.

• 관리와 백성의 의복을 다르게 할 것.
• 임금과 신하, 부모와 자식 간의 예는 중국을 따를 것.
• 백성의 부담이 큰 불교 행사는 삼갈 것.
• 유교에 따라 통치할 것.
• 왕은 아랫사람을 공손하게 대할 것.
• 관리를 공정하게 뽑을 것.
• 지방에 관리를 보내 백성을 다스릴 것.
• 북쪽 오랑캐에 대비할 것.

시도 어떤 것을 이루어 보려고 계획하거나 행동함.
상소 임금에게 글을 올리던 일. 또는 그 글.
근본 본질이나 본바탕.
이상적이다 가장 완전하다고 여겨지다.

유교에 따라 나라를 다스리다

고려를 세운 왕건은 〈훈요 10조〉에서 불교의 중요성을 강조했어요. 이후 고려는 왕실에서부터 백성에 이르기까지 불교를 믿고 따랐지요. 하지만 정치적으로는 조금 달랐어요. 유교를 바탕으로 나라를 다스리려는 시도가 있었기 때문이에요.

고려의 제6대 왕인 성종은 관리들에게 나라를 더 잘 다스리기 위한 방법을 생각해 볼 것을 명했어요. 명을 받은 많은 관리들은 자신의 생각을 적어 상소를 올렸는데 그중 성종의 마음에 든 글이 있었어요. 바로 최승로가 올린 〈시무 28조〉였어요.

"불교는 자신을 다스리는 근본이지만, 유교는 나라를 다스리는 근본입니다. 유교를 바탕으로 나라를 다스리십시오."

최승로는 〈시무 28조〉를 통해 왕권이 안정되고, 중앙에 모인 권력에 의해 다스려지는 나라가 이상적인 나라라고 주장했어요. 그리고 이것은 유교 정치를 통해서만 가능하다고 했지요.

〈시무 28조〉를 읽고 감명을 받은 성종은 이를 위해 가장 먼저 유교를 정치 이념으로 받아들이기로 했어요. 그리고 당의 모습을 본떠 고려의 중앙 통치 기구와 지방 행정 조직부터 바꾸기로 했지요.

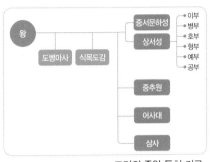

고려의 중앙 통치 기구

중앙 통치 기구는 2성 6부였어요. 중서문하성과 상서성이 2부, 상서성 아래 이부·병부·호부·형부·예부·공부가 6부에 속했지요. 중서문하성에서 나랏일을 의논하여 결정하면, 상서성은 6부를 통해 결정한 내용을 실행으로 옮겼어요. 중앙 통치 기구의 정비로 부서마다 업무가 나누어지며 나랏일을 체계적으로 할 수 있게 되었지요.

한편 지방에는 12목을 설치하여 지방관을 보냈어요. 이를 통해 왕의 힘이 미치기 어려웠던 지방까지 왕의 통치가 가능해졌고, 지방을 다스리던 호족의 힘은 약해졌어요. 이렇게 고려는 점차 중앙 집권적인 모습을 갖추게 되었지요.

이념 가장 완전하다고 여기는 생각이나 견해.
통치 나라나 지역을 다스림.
실행 실제로 행함.
정비 흐트러진 것을 정리함.
체계적 부분들이 모여 통일된 전체를 이루는 것.
12목 고려 성종 때 지방관을 파견하기 위해 설치한 12개의 행정 조직.
중앙 집권 나라를 다스리는 힘이 나누어지지 아니하고 중앙 정부에 집중된 형태.

Q1

반짝퀴즈

고려 성종 때 최승로는 〈시무 28조〉를 올려 □□에 따라 나라를 다스릴 것을 주장했다.

오, 그거 정말 좋은 생각이군.

최충의 9재 학당

최충은 네 명의 왕을 모신 고려 시대의 유학자예요. 궁에서 관리로 일할 때 여러 가지 법과 제도를 정비하며 능력을 인정받았지요.

나이가 들어 관직에서 내려온 최충은 학교를 세워 제자들을 가르쳤는데, 이것이 바로 9재 학당이에요.

9재 학당에서 과거에 합격한 사람이 많이 나오자 그 인기는 하늘을 치솟았다고 해요.

최충

장려하다 좋은 일에 힘쓰도록 북돋아 주다.
학당 옛날에 개인적인 공부를 가르치던 곳.

유학을 가르치고 백성을 돌보다

유교를 정치 이념으로 받아들인 성종은 관리들의 유학 교육에도 열을 올렸어요. 이를 위해 개경에 '국자감'이라는 학교를 세워서 유학을

장양수 홍패(과거에 급제한 사람에게 주는 증서)

가르치고, 지방 12목에는 경학박사와 의학박사를 보내 지방 호족의 자녀들을 가르쳤어요. 경학박사는 유학을, 의학박사는 의학을 가르치던 선생님을 이르는 말이에요.

매해 과거 시험을 열어서 더욱 열심히 유학을 공부하는 분위기도 만들었어요. 관리들에게도 자주 글을 써서 내도록 하여 유학이 고려에 더 잘 뿌리내릴 수 있게 하였지요.

유학을 장려하자 고려에는 유학을 배우기 위한 학당이 유행하기도 했어요. 그중 가장 인기 있던 곳은 최충의 9재 학당이었어요.

"9재 학당이 그렇게 유학을 잘 가르친다며?"

"그래, 한 번 가 보자."

38

9재 학당에는 과거를 준비하는 특별반까지 있었다고 해요.

한편 성종은 유교의 가르침에 따라 백성을 보살피는 일에도 관심을 기울였어요. 의창과 상평창 역시 백성의 생활을 돕기 위해 만든 기관이었지요.

"흉년이라 곡식 값이 하늘 높은 줄 모르고 오르네."

"그래도 의창과 상평창이 있으니 나아질 거야."

의창은 흉년이 들었을 때 식량이 부족하거나 먹을 것이 없는 백성을 돕던 기구예요. 곡식을 미리 모아 두었다가 흉년에 가난한 백성을 도왔지요. 한마디로 빈민 구제 기관이었어요.

상평창은 개경과 지방의 큰 도시에 곡식을 저장해 두었다가 흉년이 들어 쌀값이 오르면 저장해 두었던 쌀을 풀어 가격이 오르지 못하게 하는 일을 했어요. 오늘날의 물가 조절 기관이었던 셈이에요.

이러한 노력을 통해 백성의 생활은 점차 안정을 찾게 되었어요.

흉년 농사가 평소 보다 잘되지 않아 굶주리게 된 해.
빈민 구제 가난한 백성을 도와주는 것.
물가 물건의 값.

Q2

성종 때 설치된 □□□은/는 물가를 조절하기 위한 기관이었다.

⭐ **고려 성종의 유교 정치**

- 성종은 최승로의 〈시무 28조〉를 받아들여 유교에 따라 나라를 다스렸다.
- 중앙 통치 조직은 당의 모습을 본떠 2성 6부제로 바꾸었다.
- 지방에는 12목을 설치하고 지방관을 보내어 왕의 영향력이 지방까지 미치게 했다.
- 국자감과 교육 기관을 설치하여 유학을 가르치고, 매해 과거 시험을 치러 유학을 발전시켰다.
- 의창과 상평창은 백성의 생활을 안정시키기 위한 빈민 구제 기관과 물가 조절 기관이었다.

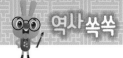

1 다음 〈시무 28조〉를 올린 관리의 이름을 쓰세요. (   )

> 임금과 신하,
> 부모와 자식 간의 예는
> 중국을 따라야 하고,
> 유교에 따라 통치해야 합니다.

2 고려 시대에 나라에서 보기와 같은 기관을 설치한 이유는 무엇입니까?

(   )

> 보기   • 의창   • 상평창

① 유학을 발전시키기 위해

② 호족의 마음을 달래기 위해

③ 더 많은 세금을 거두기 위해

④ 여성의 권리를 보호하기 위해

⑤ 백성의 생활을 안정시키기 위해

3 다음 (가)에 들어갈 왕은 누구입니까? (   )

1주 5일
학습 끝!

붙임 딱지 붙여요.

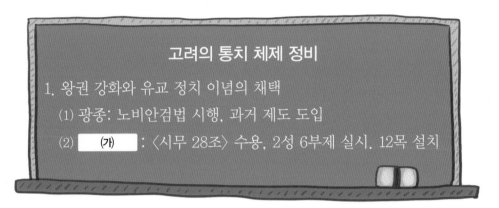

고려의 통치 체제 정비

1. 왕권 강화와 유교 정치 이념의 채택
    (1) 광종: 노비안검법 시행, 과거 제도 도입
    (2)   (가)   : 〈시무 28조〉 수용, 2성 6부제 실시, 12목 설치

① 태조   ② 정종   ③ 광종
④ 성종   ⑤ 공민왕

카드 세계사

오토 1세, 서로마 황제의 관을 받다

나 교황 요한 12세는 그대 오토 1세를 크리스트교의 수호자로 임명하노라.

고려 성종이 태어나고 얼마 후, 서유럽에서는 동프랑크 왕국의 오토 1세가 나라 안 팎의 어려움을 물리치고 서로마 황제의 관을 받았어요(962년). 이후 동프랑크 왕 국은 나라 이름을 신성 로마 제국으로 바꾸었지요. 신성 로마 제국의 황제가 된 오 토 1세는 강력한 왕권을 바탕으로 나라를 안정시켰어요. 이후 신성 로마 제국의 역 사는 800년이 넘게 이어졌답니다.

서유럽 영국, 프랑스, 벨 기에, 독일 등 유럽 서부 의 여러 나라.

PART 2

고려의 문화와 사회적 변동

불교와 귀족의 영향을 받은 고려 문화는 어떤 모습이었을까요?
또, 무신들이 집권하던 시기의 고려는 어떤 모습이었을까요?
고려의 다양한 문화와 무신 정변에 대해서 알아봐요.

07

문벌 귀족은
누구인가요? _50쪽

08

귀족의 문화는 어떤
모습이었나요? _56쪽

06

불교는 고려 사람들의 생활에
어떤 영향을 끼쳤나요? _44쪽

09
무신 정변은 어떻게
일어났나요? _62쪽

10
무신 정권 시기 백성은
왜 난을 일으켰나요? _68쪽

06 2주

불교는 고려 사람들의 생활에 어떤 영향을 끼쳤나요?

공부한 날짜: 월 일

★*
오늘날에도 이어지는 연등회
고려 성종 때 최승로는 연등회와 팔관회를 없애자고 건의했어요. 행사를 치르는 데 백성의 부담이 너무 크다는 이유였지요. 이후 연등회와 팔관회는 중단되었지만 얼마 뒤 되살아나 고려의 중요한 축제가 되었어요.
오늘날에는 두 축제 중 연등회만이 이어지고 있어요.

연등회

연등 燃(탈 연)과 燈(등 등)이 합쳐진 말로, 연꽃 모양의 등.
성대하다 풍성하고 크다.

불교로 백성의 마음을 모으다

고려에는 아주 중요한 불교 행사 두 가지가 있었어요. 바로 연등회와 팔관회예요.

연등회는 매년 봄에 전국 곳곳에서 열렸어요. 불교에서는 연등을 밝히는 것이 곧 세상을 밝게 밝히는 것과 같다고 여겼어요. 그래서 사람들은 해마다 연등회 전날부터 연등의 불을 환하게 밝혔지요. 연등회가 열리는 동안 사람들은 밤새 등불이 켜진 거리를 돌아다니며 축제를 즐기거나 절에서 소원을 빌었어요.

매년 10~11월경에는 팔관회가 열렸어요. 팔관회는 고려에서 열리는 축제 중 가장 크고 성대했어요. 팔관회 날이면 여기저기서 노랫소리가 들려왔고, 사람들은 노래에 맞춰 흥겹게 춤을 추곤 했어요. 여기에 맛있는 음식 냄새까지 진동을 하여 온 세상이 꼭 잔칫집 같았지요. 팔관회 기간에 나라에서는 코끼리와 용, 봉황 모양의 장식을 만들어 행진을 했는데, 이것은 아주 놀라운 구경거리였어요.

"저게 뭐지? 몸집은 황소보다 크고, 코는 엄청나게 길잖아!"

"코끼리란 동물이오. 인도에서 많이 볼 수 있다고 하더이다."

팔관회가 열리면 사람들은 부처님을 비롯해 태조 왕건, 하늘 신, 산신, 용신 등 여러 신에게 나라의 복을 빌며 제사를 지냈어요. 다양한 종교와 사상이 어우러진 행사였지요.

"전하, 송나라에서 가지고 온 비단과 붓입니다."

"이건 멀리 아라비아에서 가지고 온 귀한 향료입니다."

한편 팔관회에는 개경에 사는 왕과 신하, 백성뿐만 아니라 송과 아라비아의 상인, 여진의 사신까지 참석하곤 했어요. 이들은 고려의 왕에게 진귀한 선물을 올리기도 했지요.

연등회와 팔관회를 통해 고려 사람들은 나라와 개인의 행복을 빌며 나라를 위해 마음을 하나로 모았어요.

봉황 중국의 전설 속 새.
몸집 몸의 크기.
사상 어떤 사물에 대한 구체적인 생각.
어우러지다 여럿이 조화되어 하나를 이루다.
향료 향을 내는 데 쓰는 물질.
진귀하다 보기 드물게 귀하다.

반짝퀴즈 Q1

고려 시대에 연등회와 팔관회는 중요한 ▢▢ 행사였다.

▢ ▢

양산 통도사 국장생 석표
고려 선종 때 세워진 것으로,
양산에 있는 통도사가 가진
땅을 표시하기 위해 세운 비
석이에요. 통도사 주변에는
이와 비슷한 장생표가 무려
12개나 있었는데, 이것을 통
해 당시 통도사가 가진 땅이
어마어마했음을 알 수 있어요.

양산 통도사 국장생 석표

불공 부처님 앞에 음식을 차
려놓고 소원을 빎.
위로 따뜻한 말과 행동으로
괴로움이나 슬픔을 달래 줌.
경제 활동 사람들에게 필요한
물건을 만들고, 사고파는 것과
관련된 모든 활동.

절이 다양한 역할을 하게 되다

"비나이다. 비나이다. 부처님께 비나이다."

삼국 시대부터 많은 사람이 믿었던 불교는 고려 시대에도 자연스
럽게 사람들의 종교로 이어졌어요. 고려를 세운 태조 왕건은 부처님
의 도움으로 나라를 세우고 후삼국을 통일했다고 믿었어요. 그래서
불교를 받드는 일에 정성을 기울였지요. 고려 왕실에서도 개경과 지
방 곳곳에 절을 세우고, 백성에게 불교를 열심히 믿을 것을 권했어
요. 백성은 어려운 일이 있을 때마다 절에 가서 불공을 드리며 마음
의 위로를 얻곤 했지요.

고려 시대의 절은 단순히 종교 활동만 하는 곳이 아니었어요. 항상
많은 사람이 드나들다 보니 자연스럽게 시장의 역할도 하게 되었지
요. 이로 인해 절에서는 경제 활동이 활발하게 일어났어요.

"절에서 만든 단단한 기와요. 어서 사 가시오."

"마침 기와가 필요했는데 잘됐군요."

사람들은 절에서 물건을 팔고, 또 사 갔어요.

사람들이 절에 파는 물건은 주로 불교 행사에 필요한 것이나 승려들의 생활에 필요한 것들이었어요. 한편 절에서는 사람들에게 종이나 소금, 비단, 벌꿀, 기와 등 직접 만든 것들을 내다 팔았지요.

"밤이 깊었네. 가까운 절에서 쉬었다 가야겠군."

고려 시대에 절에서는 오늘날의 여관처럼 나그네가 쉬어 갈 수 있는 곳을 운영했는데, 이것을 '원'이라고 해요. 먼 길을 떠나는 나그네가 쉴 곳이 필요하게 되면 이 원을 찾아갔지요.

"농사지을 땅을 좀 빌려주십시오."

"알겠네. 대신 수확물의 일부를 가져와야 하네."

농사지을 땅이 필요한 사람 역시 절을 찾아갔어요. 절에서는 땅을 빌려준 대가로 농사를 지어 얻은 수확의 일부를 받았지요.

활발한 경제 활동으로 재산이 크게 늘어나자 절은 점점 넓은 땅을 차지하게 되었어요. 그리고 장생표를 세워 절이 가지고 있는 땅을 다른 땅과 구분하곤 했지요.

여관 돈을 받고 손님이 머물다 가도록 만든 집.
운영하다 조직이나 기구, 사업체 등을 만들어서 경영하다.
일부 전체를 나눈 것 중 얼마.
장생표 절이 가진 땅을 다른 사람의 땅과 구분하기 위하여 경계에 세운 비석.

반짝퀴즈

활발한 경제 활동으로 재산이 늘어나자 절에서는 □□□을/를 세워 절의 땅을 표시했다.

그래도 올해는 절에서 땅을 빌려줘 농사를 지을 수 있구먼.

그럼 뭐하나. 공짜로 빌려준 것도 아닌데.

⭐ 불교의 발전

- 매년 봄에 연등회가 열리면 사람들은 연등에 불을 밝히고 절에서 소원을 빌었다.
- 매년 10~11월경에 열린 팔관회는 다양한 종교와 사상이 어우러진 행사였다.
- 고려 시대의 절은 종교 활동뿐만 아니라 경제 활동을 하던 곳이었다.
- 원은 먼 길을 가는 나그네가 쉬어 갈 수 있도록 절에서 만든 여관과 같은 곳이었다.
- 경제 활동으로 절의 재산이 늘어남에 따라 장생표를 세워 절의 땅을 표시했다.

1 다음 그림과 관련 깊은 고려 시대의 불교 행사를 줄로 연결하세요.

(1) 매년 봄에 열림.

① 팔관회

② 연등회

(2) 매년 10~11월경에 열림.

2 다음 장생표를 통해 알 수 있는 고려 시대의 절에 대한 설명으로 바른 것은 어느 것입니까? (   )

양산 통도사 국장생 석표

① 기도를 하기 위한 공간이었다.

② 수많은 왜적의 침입을 막아 내었다.

③ 많은 재산과 넓은 땅을 가지고 있었다.

④ 먼 길을 가는 나그네에게 쉴 곳을 제공해 주었다.

⑤ 가난한 농민들에게 돈과 곡식, 땅 등을 빌려주었다.

3 다음 퀴즈의 정답은 무엇입니까? (   )

> **1단계** 고려 시대의 불교 행사이다.

> **2단계** 다양한 종교와 사상이 어우러졌다.

> **3단계** 고려 사람뿐만 아니라 송 상인과 여진의 사신도 참석했다.

① 한식　　　　　　　② 한가위　　　　　　③ 연등회
④ 팔관회　　　　　　⑤ 정월 대보름

2주 1일
학습 끝!

붙임 딱지 붙여요.

카드 세계사

유럽, 클뤼니 개혁 운동이 일어나다

클뤼니 수도원

고려에서 불교가 발전할 무렵, 유럽은 교회 문제로 골머리를 앓고 있었어요. 당시 유럽 사람들은 성직자를 통해서만 신의 축복을 받을 수 있다고 여겨 교회에 무조건 충성했어요. 그러자 일부 교회는 이를 악용해 강제로 사람들의 땅을 빼앗거나 뇌물을 받고 성직자를 뽑곤 했지요. 얼마 후 클뤼니 수도원에서 이를 바로잡기 위해 성직자의 깨끗하고 청렴한 생활을 강조하는 개혁 운동이 일어났어요.

성직자 종교적인 일을 하는 신부, 목사 같은 사람.
악용하다 나쁜 일에 쓰다.
뇌물 이득을 얻기 위해 정당하지 못한 방법으로 건네는 돈이나 물건.

문벌 귀족은 누구인가요?

공부한 날짜: ☐월 ☐일

음서와 과거 제도

고려 시대에 문벌 귀족의 자식들은 음서를 통해 쉽게 관리가 될 수 있었어요. 그러나 일부 사람들은 음서의 혜택을 받는 대신 과거 시험을 보고 어렵게 관리가 되는 길을 택했다고 해요. 과거 시험에 합격하는 것이 곧 뛰어난 능력을 증명하는 것과 같았기 때문이에요.

금수저 돈이 많거나 사회적으로 높은 위치에 있는 부모 밑에서 태어나 여유를 누리며 편안한 삶을 사는 사람.
특혜 특별한 은혜나 혜택.

관직과 땅을 물려받다

고려는 광종 이후 과거 제도를 통해 공정하게 관리를 뽑았어요. 그런데 과거를 보지 않고도 막대한 권력을 누리는 사람들이 있었어요. 바로 귀족이에요. 고려의 귀족은 오늘날 흔히 말하는 금수저처럼 별다른 노력을 기울이지 않고도 높은 지위에 오를 수 있는 사람들이었어요. 어떻게 이런 일이 가능했던 것일까요?

"우리 아버지는 높은 관직에 오른 사람이기 때문에 나는 과거를 보지 않고도 관리가 될 수 있지. 에헴."

고려 시대에는 '음서'라는 제도가 있었어요. 음서는 나라에 공을 세웠거나 높은 벼슬에 오른 관리의 자식들이 쉽게 관리가 될 수 있도록 만든 제도예요. 과거 제도가 버젓이 있었지만, 왕족이나 높은 관리의 자식들은 이것과 상관없이 관직에 오를 수 있었어요. 고려 시대에는 과거 시험에 합격하는 일이 매우 어려웠기 때문에 음서는 그야말로 엄청난 특혜였지요.

시험을 보지 않고 관리가 된다네. 정말 부럽구먼.

그뿐인가 어디? 물려받은 땅이 너무 넓어 끝도 보이지 않는다지?

한편 나라에서는 이들에게 '공음전'이란 땅도 나눠 줬어요. 경종 때 시작되어 관리가 녹봉으로 받던 전시과는 관직에서 물러날 때 다시 나라에 돌려주어야 하는 땅이었어요. 하지만 공음전은 돌려주지 않아도 되었지요. 시간이 지나며 공음전은 자연스럽게 자식에게 물려주는 땅이 되었어요.

"과거도 보지 않고 관리가 되고, 땅두 물려받다니 부럽다."

음서를 통해 관리가 되고, 공음전을 물려받은 사람들은 대대손손 고려의 귀족으로 살 수 있었어요. 이렇게 대대로 귀족의 지위를 이어 간 사람들을 '문벌 귀족'이라고 해요.

시간이 지날수록 문벌 귀족의 힘은 강해졌어요. 왜냐하면 이들은 비슷한 문벌 귀족과 결혼을 하거나 자신보다 지위가 높은 집안과 결혼을 해서 더 튼튼하게 재산과 권력을 지키려고 했기 때문이에요.

전시과 관리들에게 땅에 대한 세금을 거둘 수 있는 권리를 주었던 제도.
대대손손 대대로 이어져 내려오는 자손.

반짝퀴즈　Q1

고려 시대에 □□ □□은/는 음서와 공음전을 통해 자신들의 권력과 재산을 이어 나갔다.

우리는 대대로 문벌 귀족 가족!

김부식과 묘청

이자겸의 난 이후 인종은 무너진 왕권을 회복하기 위해 애썼어요. 이 과정에서 개경의 문벌 귀족인 김부식 세력과 서경의 묘청 세력이 맞서게 되었지요.

도읍을 서경으로 옮기자는 묘청의 주장에 인종은 서경에 궁궐을 짓게 했어요. 그러나 김부식을 비롯한 문벌 귀족이 이를 반대하자 묘청은 난을 일으켰어요. 소식을 들은 김부식이 군사를 이끌고 서경을 공격했고 결국 1년여 만에 난을 진압했어요.

사돈 결혼을 한 두 집안의 부모 또는 그 가족들.
아양 잘 보이려고 알랑거리는 말이나 행동.

문벌 귀족이 나라를 흔들다

고려 최고의 문벌 귀족을 꼽으라면 이자겸을 들 수 있어요. 이자겸의 가문에서는 고려 제11대 왕인 문종에서 제17대 왕 인종 때까지 왕비가 10명이나 나왔어요. 무려 80여 년이라는 긴 시간 동안 왕실의 사돈으로 지내온 셈이지요.

사람들은 이자겸을 고려의 왕처럼 떠받들었어요. 좋은 것이 있으면 너도나도 갖다 바치며 아양을 떨었지요.

"아니, 이게 무슨 냄새지?"

"이자겸의 집에서 나는 고기 썩는 냄새 아닌가. 사람들이 얼마나 고기를 갖다 바치는지, 다 먹지도 못한 고기가 썩어 나갈 정도라네."

하늘을 찌를 듯 세력을 키우던 이자겸의 욕심은 그칠 줄 몰랐어요.

'왕이 되면 더 큰 권력을 가질 수 있을 거야.'

이자겸의 욕심을 눈치채고 있었던 인종은 이자겸을 없애기로 했어요. 하지만 이 계획은 이자겸에게 들키게 되고, 이자겸은 자신의 부하인 척준경을 시켜 왕을 공격하게 했어요.

이것을 '이자겸의 난'이라고 해요(1126년).

척준경이 궁에 불을 지르고 공격하자 겁을 먹은 인종은 이자겸에게 왕위를 물려주겠다고 말했어요. 이자겸이 사람들의 눈치를 살피며 왕이 되기만을 기다릴 무렵 인종은 다시 척준경을 설득하기 시작했어요. 얼마 후 마음을 돌린 척준경이 이자겸을 배신하면서 난은 결국 실패로 끝나게 되었지요.

이자겸의 난으로 나라가 혼란에 빠지자, 묘청은 풍수지리를 내세워 왕에게 도읍을 서경으로 옮길 것을 주장했어요. 이것을 '서경 천도 운동'이라고 해요(1135년).

하지만 이것은 받아들여지지 않았어요. 그래서 묘청은 서경에 새로운 나라를 세우기 위한 난을 일으켰지요. 그러나 이것 역시 실패로 돌아갔어요. 이자겸의 난과 묘청의 난으로 고려 사회는 더욱 혼란스러워졌어요.

설득하다 상대방이 말을 따르도록 깨우쳐 말하다.
풍수지리 땅 모양이나 방향 등에 따라 좋은 일 또는 나쁜 일이 일어난다고 보는 이론.
천도 도읍을 옮김.

Q2

반짝퀴즈

이자겸의 난으로 나라가 혼란해지자 □□은/는 서경으로 도읍을 옮길 것을 주장하였다.

크흑, 척준경 네 이놈이 감히 배신을……!

죄인 이자겸을 멀리 유배 보낼 것이다!

⭐ 문벌 귀족과 이자겸의 난

- 음서는 큰 공을 세웠거나 높은 벼슬에 오른 관리의 자식들이 관리가 될 수 있도록 만든 제도이다.
- 공음전은 높은 관리가 나라로부터 받은 땅으로, 자식에게 물려줄 수 있었다.
- 음서와 공음전을 바탕으로 문벌 귀족은 자신들의 지위와 재산을 계속 지켜 나갔다.
- 문벌 귀족 이자겸은 인종을 몰아내고 왕이 되기 위해 난을 벌였으나 실패했다(1126년).
- 묘청은 도읍을 서경으로 옮기자는 주장이 받아들여지지 않자 난을 일으켰으나 실패했다(1135년).

1 다음에서 설명하는 제도는 무엇입니까? (   )

> 나라에 공을 세웠거나 높은 벼슬에 오른 관리의 자식들이 쉽게 관직에 오를 수 있도록 한 제도를 말해요.

① 음서   ② 공음전   ③ 전시과
④ 과거 제도   ⑤ 노비안검법

2 다음 친구들이 설명하는 '이 사람'은 누구인지 쓰세요. (   )

> 이 사람은 고려 최고의 문벌 귀족 중 한 사람이야.

> 이 사람의 가문에서 약 10명의 왕비가 나왔지.

> 이 사람이 왕이 되기 위해 반란을 일으켰지만 실패했어.

41회 기출 응용

3 다음 뉴스에서 보도하고 있는 사건은 무엇입니까? (   )

풍수지리를 내세워
도읍을 서경으로 옮기자고
주장하던 세력이 서경에서
난을 일으켰다는 소식입니다.

2주 2일
학습 끝!

붙임 딱지 붙여요.

① 묘청의 난   ② 만적의 난   ③ 위화도 회군

④ 이자겸의 난   ⑤ 망이·망소이의 난

카드 세계사

여진족, 최초의 국가를 세우다

금 나 라

이자겸의 난이 일어나기 10여 년 전, 중국에서는 아골타가 흩어져 있던 여진족을 통일하여 최초의 국가인 '금'을 세웠어요. 점차 세력을 키운 금은 송과 힘을 모아 거란족이 세운 '요'를 멸망시키고, 이후 송마저 공격했어요. 군사력이 약했던 송은 금의 공격에 도읍을 빼앗기고 남쪽 지방까지 쫓겨 갔지요. 이후 금은 만주와 화북 지방까지 차지한 큰 나라가 되었어요.

화북 지방 중국 베이징, 허베이, 텐진, 네이멍구 등을 포함하는 북부 지방.

귀족의 문화는 어떤 모습이었나요?

고려의 뛰어난 도자기 기술
청자를 만드는 데에는 뛰어난 기술과 큰 노력이 필요해요. 청자를 만들 때 쓰는 흙의 종류부터 달랐지요. 구울 때에도 높은 온도를 일정하게 유지하려면 가마를 만드는 기술과 불을 다루는 기술 역시 발달해야 했어요. 또한 광택을 내고 표면을 단단하게 하기 위해서는 유약을 만드는 기술이 뛰어나야 했지요.
고려청자를 통해 고려의 도자기 기술이 얼마나 뛰어났는지 알 수 있어요.

금동 구리에 금을 입힌 것.
금속 공예 기술 금속을 다뤄서 공예품을 만드는 기술.

귀족, 화려한 문화를 누리다

문벌 귀족으로 인해 고려에는 귀족 문화가 등장했어요. 귀족이 원하는 귀하고, 고급스럽고, 화려한 것들이 고려의 문화로 자리 잡게 된 것이지요.

"송나라에서 귀한 비단이 들어왔다고 합니다."

"그래? 그럼 사야지. 다른 사람이 사 가기 전에 얼른 사 오너라."

귀족들은 서로 경쟁이라도 하듯이 귀한 것을 찾았어요. 값비싼 비단으로 옷을 해 입는 것도 모자라 한 땀 한 땀 바느질을 해서 비단 속옷까지 만들어 입었지요.

귀족 여성들은 금동으로 만든 머리꽂이로 몸을 꾸몄어요. 금동으로 만든 꽃과 잎으로 장식된 머리꽂이는 걸을 때마다 조금씩 흔들리며 더욱 아름답게 반짝였지요. 고려의 금속 공예 기술은 매우 뛰어나 멀리 송까지 소문이 자자했어요.

　귀족들은 불교의 영향으로 차를 자주 마셨어요. 솜씨 좋은 장인이 빚은 아름다운 모양의 다기는 귀족들의 필수품이 되었지요. 그중 가장 크게 사랑을 받은 것은 청자로 만든 것이었어요.

　처음에 도자기 빚는 기술은 중국에서 전해졌어요. 하지만 고려의 장인들은 이것을 더욱 발전시켜 아름답고 영롱한 푸른빛의 청자를 만들어 냈지요. 귀족들은 청자로 만든 찻잔, 대접, 주전자, 꽃병을 사용했어요. 글씨를 쓸 때는 청자로 만든 문방 용품을 쓰고, 낮잠을 잘 때도 청자로 만든 베개를 베고 잠이 들었어요. 청자로 만든 기와와 타일은 귀족들의 집을 화려하게 꾸미기 위해 사용되기도 했지요.

　청자는 만들기가 어렵고 가치가 높았기 때문에 왕실이나 귀족이 아니면 사용하기가 어려웠어요. 이러한 이유로 고려청자는 점차 고려의 화려한 귀족 문화를 대표하는 물건이 되었답니다.

장인 손으로 물건을 만드는 일을 직업으로 하는 사람.
다기 차를 마시는 데 쓰는 여러 가지 기구.
영롱하다 광채가 찬란하다.
문방 용품 붓글씨를 쓸 때 필요한 먹, 벼루 등의 물건들.
타일 점토를 구워서 만든, 겉이 반들반들한 얇고 작은 도자기 판.

반짝퀴즈 Q1

고려 시대에는 문벌 귀족의 영향으로 화려하고 고급스러운 □□ 문화가 나타났다.

□□

상감 청자와 나전 칠기가 사랑받다

청자 상감 국화 무늬 항아리

도자기에 이름을 붙이는 방법
(예) 청자 상감 구름 학 무늬 네 귀 항아리)
도자기의 이름은 다음과 같은 순서로 붙여요.
① 도자기의 종류를 나타낸다. 예 청자
② 기법을 나타내는 말을 쓴다. 예 상감
③ 문양(무늬)을 나타내는 말을 쓴다. 예 구름 학 무늬
④ 용도, 형태를 나타낸다. 예 네 귀 항아리

청자 상감 구름 학 무늬
네 귀 항아리

기법 기교와 방법.
독창적이다 다른 것을 따라하지 않고 새로운 것을 처음으로 만들거나 생각해 내다.
유약 광택을 내기 위해 도자기의 표면에 덧씌우는 약.

옥을 귀하게 여기던 고려 귀족들은 옥빛을 내는 고려청자를 무척이나 좋아했어요. 고려청자는 옥 못지않게 영롱하고 푸른빛을 띠었기 때문에 중국에서도 인기가 높았지요. 특히 상감 청자는 고려의 귀족뿐만 아니라 다른 나라 귀족까지 탐낼 정도로 귀한 대접을 받았어요.

"이 도자기는 뭐지? 고운 색으로 무늬가 들어가 있네."

"상감이라는 기법으로 만든 도자기래. 정말 아름답지?"

청자를 만드는 기법 중 하나인 상감은 고려만의 독창적인 기법이었어요. 상감은 표면에 학이나 구름, 국화 등의 무늬를 새겨 파낸 자리에 붉은색, 하얀색 등 다른 색의 흙을 메운 후 유약을 발라 굽는 기법을 말해요. 도자기를 굽는 과정에서 흙 속의 철분이 산소와 만나 하얀 흙은 더욱 하얘지고, 붉은 흙은 검게 변하여서 청자의 푸른빛과 어울리는 아름다운 무늬를 만들어 내는 것이지요.

고려 귀족들의 집에서 찾아볼 수 있었던 또 하나의 장식품은 나전 칠기예요. 나전 칠기는 그릇이나 가구의 표면에 전복이나 조개껍데기처럼 빛이 나는 자개를 얇게 잘라 붙여 만들었지요. 화려하고 섬세한 무늬로 귀족들에게 큰 사랑을 받았어요.

나전 칠기

자개 조개껍데기를 썰어 낸 조각.
품질 물건의 성질과 바탕.
유지하다 어떤 상태 그대로 보존하거나 변함없이 지탱하다.

"반짝이는 자개로 국화 모양을 만들었네요."

"이렇게 꾸미니 가구가 훨씬 더 아름답게 보여요."

고려는 나전 칠기를 만드는 관청을 따로 두어 관리하였는데, 이를 통해 수준 높은 품질과 기술을 유지할 수 있었어요. 그래서 고려의 나전 칠기라면 누구든 믿고 찾게 되었지요.

이렇듯 화려한 고려의 귀족 문화는 고려인들의 예술성과 장인들의 솜씨가 더해져 완성되었어요.

Q2
반짝퀴즈
청자에 무늬를 새겨 흙을 메운 후 굽는 □□은/는 고려만의 독창적인 기법이었다.

정말 멋진 작품이로다!

⭐ **귀족 문화의 발전**

• 고려 시대에는 문벌 귀족들에 의해 화려하고 고급스러운 귀족 문화가 발달했다.

• 고려청자는 귀족들에게 큰 사랑을 받았는데, 찻잔, 주전자, 꽃병, 문방 용품, 기와 등으로 제작되었다.

• 상감 청자는 표면에 무늬를 새긴 자리에 다른 색의 흙을 메우고 유약을 발라 구워 낸 도자기였다.

• 비단, 금속 공예 제품, 나전 칠기 역시 귀족들에게 큰 사랑을 받았다.

1 다음에서 설명하는 고려 시대 문화재의 이름을 쓰세요.

중국에서 받아들인 기술을 더욱 발전시켜 만든 도자기로, 영롱하고 아름다운 푸른빛이 특징이다.

(   )

2 다음 중 상감 청자에 대해 <u>잘못</u> 알고 있는 친구를 골라 ○표 하세요.

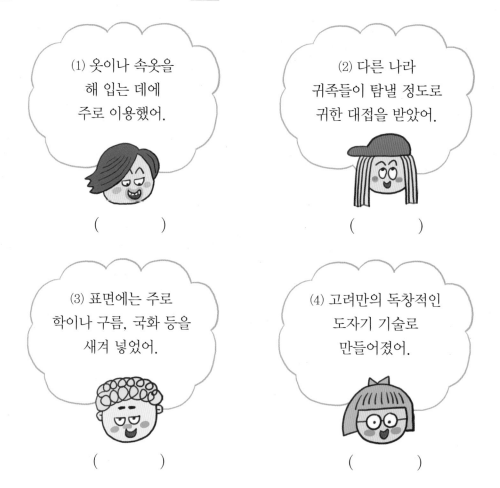

(1) 옷이나 속옷을 해 입는 데에 주로 이용했어.

(   )

(2) 다른 나라 귀족들이 탐낼 정도로 귀한 대접을 받았어.

(   )

(3) 표면에는 주로 학이나 구름, 국화 등을 새겨 넣었어.

(   )

(4) 고려만의 독창적인 도자기 기술로 만들어졌어.

(   )

46회 기출 응용

3 다음 화면 속 (개) 공예품은 무엇입니까? (   )

2주 3일
학습 끝!

붙임 딱지 붙여요.

① 백자   ② 놋그릇   ③ 고려청자   ④ 나전 칠기   ⑤ 상감 청자

카드 세계사

유럽, 로마네스크 양식이 등장하다

피사 대성당

고려에서 귀족 문화가 꽃필 즈음, 유럽에서는 정치적 안정과 종교의 발전으로 '로마네스크 양식'이 나타났어요. 로마네스크 양식은 회화, 조각, 건축 등 다양한 분야에 걸쳐 나타났는데, 이탈리아의 피사 대성당은 로마네스크 건축 양식을 보여주는 대표적인 건물이에요. 창문과 문, 통로 등에 둥근 아치형을 많이 사용하고, 건물 안에 여러 개의 기둥을 세워 공간을 복잡하게 나눈 것이 특징이에요.

아치형 활처럼 곡선으로 된 모양.

공부한 날짜: ⬜월 ⬜일

무신 정변은 어떻게 일어났나요?

★★
무신에 대한 차별
한 잔치에서 문신 김부식의 아들 김돈중이 무신 정중부의 수염을 태우는 일이 있었어요. 화가 난 정중부가 김돈중을 혼내자 김부식은 오히려 정중부를 감옥에 가두라고 명했지요.

또, 의종이 연등회 행차를 나갈 때 문신 김돈중의 실수로 화살이 의종 옆에 떨어진 일이 있었어요. 그런데 의종은 화살을 떨어뜨린 김돈중을 벌하는 대신 죄 없는 무신 14명을 귀양 보냈다고 해요.

고려가 세워진 후 줄곧 무신들은 이와 같은 차별을 견뎌야만 했어요.

독차지하다 혼자서 모두 차지하다.
대우 어떤 관계나 태도로 대하는 일.

차별받던 무신, 난을 일으키다

새로운 나라를 꿈꾸던 고려 역시 문벌 귀족이 권력을 독차지하며 혼란스러운 사회가 되었어요. 권력을 가진 문벌 귀족들은 땅과 지위를 물려받으며 호화로운 생활을 이어 갔지만 이것은 일부 문신들에게만 해당되는 이야기였어요.

고려에서 관리는 문신과 무신으로 나뉘었어요. 똑같이 나랏일을 하는 관리였지만 무신의 지위는 항상 문신보다 낮았어요. 직급이 같은 관리일지라도 문신이 더 좋은 대우를 받았고, 높은 자리 역시 항상 문신의 차지었어요. 상황이 이렇다 보니 군대의 총지휘관 역시 무신이 아닌 문신이 맡게 되었어요. 무신은 전쟁터에 나가 문신의 명령에 따라 싸우기만 할 뿐이었지요. 우리에게 유명한 고려 시대의 장군인 강감찬, 윤관 역시 모두 문신이었어요. 이렇듯 계속되는 차별로 인해 무신들의 불만이 차오르고 있었어요.

그러던 어느 날, 마침내 불만이 폭발하고 말았어요.

고려의 제18대 왕인 의종은 문신들과 어울려 놀던 중이었어요. 한창 흥이 오를 무렵 의종이 무신들에게 서로의 무예 실력을 겨루어 보라고 명했어요.

이날 무예 대결에 나선 것은 나이 많은 무신 이소응이었어요. 이소응은 열심히 대결을 펼쳤지만 지고 말았어요. 그러자 젊은 문신이 다가와 이소응의 뺨을 힘껏 때렸어요.

"그리 몸이 약해서 어찌 나라를 지키겠는가!"

뺨을 맞은 이소응이 섬돌 아래로 굴러떨어지는 것을 본 무신들은 화가 머리끝까지 났어요. 그리고 그날 밤, 정중부와 이고, 이의방 등이 화가 난 무신들을 이끌고 무신 정변을 일으켰지요(1170년).

"문신의 관을 쓴 사람은 모조리 죽여라!"

무신 정변으로 수많은 문신이 목숨을 잃었어요. 무신들은 왕인 의종을 섬으로 내쫓고 동생인 명종을 왕으로 세워 권력을 장악했지요.

무예 무술에 관한 재주.
섬돌 집의 앞뒤를 오르내릴 수 있게 만든 돌계단.
장악하다 무엇을 마음대로 할 수 있게 휘어잡다.

반짝퀴즈 Q1

고려 시대에 □□은/는 문신에 비해 낮은 대우와 차별을 받았다.

문신이란 문신은 죄다 죽여라!

아이고, 나 살려!

으악~

63

무신 정권이 세워지다

무신들이 권력을 가지고 나랏일을 좌지우지하던 때를 무신 정권 시기라고 해요. 초기 무신 정권은 처음 난을 이끈 정중부와 이의방, 이고에게 있었어요. 얼마 후 이들 사이에 갈등이 생기자 이의방은 이고를 죽이고 정권을 차지했어요. 이후 정중부의 아들이 이의방을 죽이면서 권력은 다시 정중부의 손에 들어갔어요. 고려 최고의 관직에 오른 정중부는 '중방'에서 중요한 나랏일을 처리하기 시작했어요. 그리고 권력을 이용해서 자신의 재산을 마구 늘렸지요.

정중부의 횡포를 보다 못한 젊은 장군 경대승이 정중부를 죽이고 권력을 잡았어요. 경대승은 자신을 위한 사병 집단인 '도방'을 만들어서 무신의 횡포를 바로잡으려 했어요. 하지만 얼마 지나지 않아 병으로 죽고 말았지요. 경대승이 죽은 후 천민 출신 이의민이 권력을 잡았어요. 하지만 이의민 역시 백성을 가혹하게 괴롭히고 욕심을 부리기는 마찬가지였어요.

얼마 후 이의민은 새롭게 권력을 차지한 최충헌에 의해 죽임을 당했어요. 최충헌은 명종에게 고려 사회의 문제점을 고치기 위한 글을 올렸는데 이것을 〈봉사 10조〉라고 해요. 이 글에서 최충헌은 권력으로 빼앗은 땅을 주인에게 돌려주고, 부패한 관리를 처벌하여 세금을 공정히 걷어야 한다고 주장했어요. 하지만 이러한 주장과 달리 최충헌은 개인 사병 집단인 도방을 더욱 크게 만들어 자신의 권력을 지키는 데에 급급했어요. 또 자신을 반대하는 세력을 감시하기 위해 '교정도감'을 만드는가 하면 재산을 불리기 위해 전국 곳곳에 농장을 세우기도 했지요.

최충헌의 뒤를 이은 최우 역시 관리를 임명하는 기구인 '정방'을 자신의 집에 만들고 나랏일을 쥐락펴락했어요. 최씨의 집은 궁궐과 다름없게 되었지요. 최충헌과 최우를 비롯한 최씨 무신 정권은 4대에 걸쳐 60여 년간 이어졌답니다.

부패하다 정치, 사상, 의식 등이 타락하다.
급급하다 한 가지 일에만 정신을 쏟아 다른 일을 할 여유가 없다.
임명하다 일정한 지위나 임무를 남에게 맡기다.
쥐락펴락하다 남을 자기 손아귀에 넣고 마음대로 하다.

반짝퀴즈 Q2

무신들이 권력을 가지고 나랏일을 좌지우지하던 시기를 □□ □□ 시기라고 한다.

□□□□

이제 관리까지 이 집에서 임명한다며?

이 집이 궁궐이고, 최우는 왕이나 다름없다니까.

★ 무신 정변과 무신 정권의 성립

• 문신과의 오랜 차별과 무시에 분노한 무신들은 무신 정변을 일으키고 권력을 장악했다(1170년).
• 무신 정권은 정중부→경대승→이의민→최충헌으로 이어지며 지속되었다.
• 최충헌은 자신에게 적대적인 세력을 감시하기 위해 교정도감을 만들었다.
• 최충헌은 전국 곳곳에 농장을 세워 재산을 불렸다.
• 최충헌을 비롯한 최씨 무신 정권은 4대에 걸쳐 약 60여 년 동안 계속되었다.

1 다음 그림과 관련 깊은 사건은 무엇입니까? (   )

① 무신 정변   ② 고려 건국   ③ 묘청의 난
④ 후삼국 통일   ⑤ 이자겸의 난

2 다음 그림 속 최충헌이 자신을 반대하는 세력을 감시하기 위해 설치했던 기구의 이름을 쓰세요.

(   )

3 다음은 무신 정권을 이끌었던 사람들입니다. ㈎에 들어갈 인물은 누구입니까? (   )

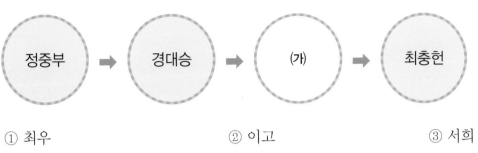

정중부 → 경대승 → ㈎ → 최충헌

① 최우
② 이고
③ 서희
④ 이의민
⑤ 이의방

2주 4일
학습 끝!

붙임 딱지 붙여요.

카드 세계사

유럽, 봉건제가 널리 퍼지다

고려가 무신 정변으로 혼란스러울 무렵 유럽에서는 봉건제가 널리 퍼지고 있었어요. 봉건제는 국왕, 제후, 기사, 농노 사이의 주종 관계를 바탕으로 이루어졌어요. 국왕이 제후에게 땅을 내리면 제후는 국왕에게 충성을 맹세했지요. 제후 아래의 기사와 농노 역시 제후에게 충성을 맹세하고 땅과 보호를 받았어요. 한편 가장 낮은 계급의 농노는 농사를 지어 얻은 수확을 세금으로 냈어요.

제후 땅을 가지고 그 안의 백성을 지배하던 사람.
농노 농민.
주종 主(주인 주)와 從(좇을 종)이 합쳐진 말로, 주인과 부하를 뜻함.

67

무신 정권 시기 백성은 왜 난을 일으켰나요?

공부한 날짜: ☐ 월 ☐ 일

고통받던 백성이 일어나다

무신 정변 이후 권력을 차지한 무신들은 더 큰 힘을 가지기 위해 서로 다투기 바빴어요. 다른 무신과의 싸움에서 이기기 위해서는 더 강한 군사력이 필요했어요. 그리고 많은 군사를 이끌기 위해서는 많은 돈이 필요했지요. 무신들은 이 돈을 어떻게 마련했을까요?

"수단과 방법을 가리지 말고 재산을 늘려라!"

무신들은 백성의 토지를 함부로 빼앗거나 가혹하게 세금을 물리는 방법으로 재산을 늘리기 시작했어요. 무신의 재산이 늘어날수록 백성의 고통은 커져만 갔어요.

중앙 무신들의 횡포로 정치가 흔들리자 지방 관리들 역시 정해진 것보다 많은 세금을 거두어 배를 채우기는 마찬가지였어요.

"아이고, 세금이 나날이 늘어나니 살 수가 없네."

"관리가 아니라 도적떼구먼."

그러던 중 서경에서 조위총 이라는 사람이 무신 정권과 서북면에 대한 차별에 맞서 난을 일으키는 일이 발생했 어요. 무신 정권 아래 고통받 던 서북면 백성이 이 난에 대 규모로 합류하며 반란은 더욱 거세졌지요.

"무신 정권을 무너뜨리자!"
"살기 힘든 백성을 그만 괴 롭혀라!"

약 2년여 만에 반란은 진압되었지만 이후 살기 힘든 농민과 천민 의 반란이 전국에서 더욱 거세게 이어졌어요. 공주 명학소에서 일어난 망이·망소이의 난 역시 그중 하나였지요.

● 봉기지

| 조위총 (1174) |
| 최광수 (1217) |
| 망이·망소이 (1176) |
| 전주 관노 (1182) |
| 이연년 형제 (1237) |
| 만적 (1198) |
| 이비·패좌 (1202) |
| 효심 (1193) |
| 김사미 (1193) |
| 광명·계발 (1200) |

서경 개경 황해 동해 공주 전주 동경 담양 운문 합천 초전 진주

무신 정권 시기 농민 · 천민 봉기

서북면 지금의 평안도 지역.
합류하다 둘 이상의 흐름이 한데 합하여 흐르다.

Q1
반짝퀴즈

조위총의 난 이후, 공주 □□□ (에)서 망이와 망소이가 난을 일으 켰다.

☐ ☐ ☐

우리도 사람답게 살고 싶다!   더 이상 못참겠다!

향·소·부곡에 대한 차별

향·소·부곡은 특수 행정 구역으로 전쟁에서 잡혀 온 포로나 나라에 반대한 사람들을 모여 살게 하면서 만들어졌어요. 이곳에 사는 사람은 양인이지만 차별을 받았지요. 그중 소에 사는 사람에 대한 차별은 훨씬 심했어요.
이들은 주로 나라에서 필요로 하는 먹, 종이, 화문석 등을 만들거나 광물을 캐는 일을 담당했는데, 일반 백성보다 훨씬 많은 세금을 내고 노동력도 제공해야 했기 때문이에요.

특수 특별히 다름.
부당하다 이론이나 이치에 맞지 아니하다.

고려 시대에는 지방관이 다스리는 군, 현 지역 외에 향·소·부곡이라는 특수 구역이 있었어요. 이 지역은 일반적인 지역과는 다르게 관리되고 있었는데 나라에서는 향·소·부곡에 사는 사람들을 따로 정리하여 문서로 만들어 두었지요. 이곳에 사는 사람들은 다른 곳으로 이동할 수 없었고 다른 지역에 사는 사람들보다 더 무거운 세금을 내야 했어요. 망이·망소이의 난은 이렇게 계속되는 향·소·부곡에 대한 차별을 견디다 못해 일어난 사건이었어요.

"우리도 똑같은 사람인데 왜 마음대로 이동하지 못하는가!"

"왜 우리는 다른 사람보다 더 많은 세금을 내야 하는가!"

명학소에 살던 망이와 망소이는 부당한 차별을 없애 달라고 저항했어요(1176년). 이들은 점차 세력을 키워 인근의 공주까지 점령했지요. 조정에서는 난을 진정시키기 위해 명학소를 보통의 현으로 바꿔 주기로 했어요. 하지만 이것이 거짓이라는 게 밝혀지자 난은 더욱 거세졌어요. 결국 고려 조정은 대규모의 군사를 보내 난을 진압할 수밖에 없었지요.

70

불합리한 사회에 저항한 세력에는 노비도 있었어요. 최충헌의 노비였던 만적이 대표적이에요.

"천민 출신 이의민이 고려 최고의 권력자가 되다니 정말 대단해."

"이의민도 했는데 우리도 할 수 있지 않겠어?"

"맞아, 왕후장상의 씨가 따로 있는 것이 아니야!"

만적은 태어날 때부터 왕과 장군이 될 사람이 따로 정해진 것이 아니라고 주장했어요. 그리고 노비들을 모아 최초의 신분 해방 운동을 벌였지요(1198년). 노비들은 주인을 죽이고, 노비 문서를 불태운 후 권력을 차지하기로 계획했어요. 하지만 이 계획은 주인 최충헌의 귀에 들어가게 되었지요.

"난을 주도한 놈들을 당장 잡아들여라!"

난에 참여한 노비들이 죽임을 당하며 만적의 난은 실패하게 되었어요. 하지만 이를 통해 당시 많은 백성이 더 나은 세상을 꿈꾸며 행동했다는 사실을 확인할 수 있어요.

불합리하다 이치에 맞지 않다.
저항하다 어떤 힘이나 조건에 굽히지 아니하고 버티다.
왕후장상 제상, 제후, 장군, 재상을 이르는 말.
해방 구속으로부터 벗어남.

반짝퀴즈 Q2

□□□의 노비였던 만적은 최초의 신분 해방 운동을 벌였다.

⭐ **무신 정권기 농민과 천민의 저항**

• 무신 정권기에 무신들의 계속되는 세력 다툼으로 백성의 삶은 고통스러워졌다.

• 중앙 정부의 혼란 속에 지방 관리들도 과도한 세금을 걷는 등 횡포를 부리며 백성을 괴롭혔다.

• 관리의 횡포와 지역 차별에 견디지 못한 백성의 봉기가 전국에서 이어졌다.

• 망이·망소이의 난은 고려 시대의 특수 구역인 소에 대한 차별이 원인이 되어 일어났다(1176년).

• 노비 만적은 신분 해방을 주장하며 난을 일으키려 했으나 실패했다(1198년).

1 다음에서 '망이·망소이 난'이 일어난 원인을 바르게 말한 친구를 찾아 ○표 하세요.

(1) 문신에 대한 차별이 원인이야.

( )

(2) 남녀 차별이 원인이야.

( )

(3) 소에 대한 차별이 원인이야.

( )

(4) 과거 제도가 원인이야.

( )

2 고려 시대에 다음과 같은 주장을 하며 난을 일으킨 사람의 이름을 쓰세요.

왕후장상의 씨가 따로 있소? 때가 되면 누구나 할 수 있는 거요!

( )

3 다음 지도에 나타난 사건들의 공통점은 무엇입니까? (   )

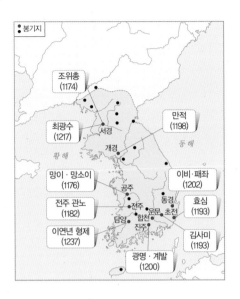

• 봉기지

조위총 (1174)
최광수 (1217)
만적 (1198)
서경
개경
황 해
동 해
망이·망소이 (1176)
이비·패좌 (1202)
전주 관노 (1182)
공주
효심 (1193)
전주
운문
동경
담양
합천
초전
진주
이연년 형제 (1237)
김사미 (1193)
광명·계발 (1200)

① 옛 고구려 유민이 일으켰다.
② 무신 정권 시기에 일어났다.
③ 고려 무신들에게 환영을 받았다.
④ 풍수지리의 영향을 받아 일어났다.
⑤ 몽골과 전쟁을 하던 중에 일어났다.

2주 5일
학습 끝!

붙임 딱지 붙여요.

카드 세계사

바이킹, 북아메리카를 노리다

무신 정권 시기에 백성이 새로운 세상을 꿈꾸며 일어난 것처럼 10세기 말, 유럽의 바이킹은 새로운 땅을 찾아 떠났어요. 배를 타고 다니는 것이 익숙한 바이킹에게도 이 여정은 쉽지 않았어요. 가는 도중 거센 풍랑을 만나 배가 부서지고 사람들이 죽기도 했지요. 이후 바이킹은 그린란드를 거쳐 오늘날의 캐나다 지방에 해당하는 빈란드에 도착했지만 원주민의 공격으로 정착은 쉽지 않았다고 해요.

바이킹 배를 타고 다니며 유럽·러시아 등을 침입한 노르만족.
여정 여행의 일정.
정착 머물러 삶.

PART 3

외적의 침입과 고려의 대응

나라가 세워진 후 고려는 끊임없이 외적의 침입에 시달렸어요.
때로 절망에 빠지기도 했지만 백성은 똘똘 뭉쳐 위기를 이겨 냈지요.
고려가 힘을 모아 외적의 침입을 이겨 낸 모습을 알아봐요.

14
고려는 어떻게 몽골에
맞서 싸웠나요? _94쪽

15
공민왕은 어떻게 고려를
개혁했나요? _100쪽

고려는 어떻게 거란의 침입을 막아 냈나요?

공부한 날짜: ☐ 월 ☐ 일

강동 6주

강동 6주는 압록강 동쪽 지역에 쌓은 6개의 성을 뜻해요. 흥화진, 용주, 철주, 통주, 곽주, 귀주 지역이지요. 이곳은 고려의 국경(나라와 나라의 영역을 가르는 경계) 지역으로 정치, 군사, 경제적으로 매우 중요한 곳이기도 했어요. 강동 6주에 성을 쌓음으로써 고려는 영토를 북쪽으로 넓히게 되었어요.

이롭다 이익이 있거나 도움이 되다.

거란군이 쳐들어오다

993년, 거란 장수 소손녕이 군대를 이끌고 고려를 쳐들어왔어요. 거란은 고려의 북쪽 땅이 자기네 땅이라며 되찾겠다고 주장했지요. 고려 관리들은 거란의 침입에 어떻게 맞서야 할지 고민이었어요.

"거란과 전쟁을 해서 이로울 것이 없습니다. 북쪽 땅을 내주고 전쟁을 피합시다."

"어찌 싸워 보지도 않고 물러선다는 말이오!"

관리들은 거란과의 전쟁에 찬성하는 의견과 반대하는 의견으로 나뉘었어요. 이때 서희가 나섰어요.

"제가 소손녕을 만나 말로 풀어 보겠습니다."

"전쟁을 말로 푼다고요?"

"제게 생각이 있으니 한번 맡겨 주십시오."

함께 여신족을 몰아냅시다. 그럼 거란과 더 활발히 왕래하겠소.

서희는 거란의 진짜 의도가 무엇인지 고민했어요. 그리고 고려를 둘러싼 주변 나라의 상황도 살폈지요. 힘을 키우기 시작한 거란은 송을 공격하고 싶었어요. 하지만 송과 고려가 친하기 때문에 쉽게 송을 공격할 수 없었지요. 그래서 먼저 송과 친한 고려를 공격하기로 한 거였어요.

거란의 목표는 송이었기 때문에 고려와의 전쟁은 거란에게 아무 이득이 없었어요. 서희는 고려의 북쪽 땅을 되찾겠다는 거란의 주장이 핑계일 뿐이라는 사실을 눈치챘어요. 그리고 소손녕을 만난 자리에서 당당하게 말했지요.

"고려는 고구려를 이은 나라이니 북쪽 땅은 고려의 것이오. 그보다 압록강 일대의 여진족을 함께 몰아내는 것이 어떻소? 그럼 고려는 송과의 관계를 끊고 거란과 더욱 활발히 교류할 것이오."

서희의 말에 거란은 자기네 나라로 돌아갔어요. 그 후 고려는 압록강 일대의 여진족을 몰아내고 강동 6주 지역을 확보했답니다.

의도 무엇을 하고자 하는 생각이나 계획.
일대 일정한 범위의 어느 지역 전부.
교류하다 서로 다른 나라끼리 기술이나 문화, 종교, 생각 등을 주고받다.
확보하다 확실히 가지다.

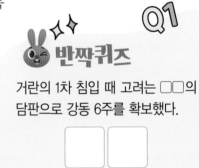

반짝퀴즈

Q1

거란의 1차 침입 때 고려는 □□의 담판으로 강동 6주를 확보했다.

오! ㅋ

천리장성

거란의 침입을 겪은 후 고려는 북쪽 지역에 천리장성을 쌓기 시작했어요. 기록에 의하면, 천리장성은 서쪽의 압록강 하구부터 동해안까지 이어져 천 리(약 400km)에 이르렀다고 해요. 성은 돌로 쌓았는데, 새로 쌓은 것이 아니라 예전부터 있던 성들을 연결하는 방법으로 완성되었어요.

피란 난리를 피해 옮겨 감.
외교 다른 나라와 정치, 경제, 문화적으로 관계를 맺는 일.
막무가내 어찌할 수 없음.

강감찬이 나가신다

거란의 침입

몇 년 후 송과 고려가 여전히 교류하자 거란은 고려를 다시 쳐들어왔어요. 거란의 2차 침입은 매우 거셌어요. 거란의 황제가 직접 40만 대군을 이끌고 압록강을 건너와 도읍인 개경까지 차지했지요. 고려의 왕은 거란군을 피해 남쪽 지역으로 피란을 가야만 했어요.

그러나 이러한 어려움 속에서도 고려군은 포기하지 않고 거란군에 맞서 싸웠어요. 그리고 일곱 차례에 걸친 전투 끝에 양규가 이끄는 고려군은 거란군에게 승리를 거두었지요.

거란의 2차 침입을 겨우 막아 낸 고려는 다시 거란과의 관계를 외교적으로 풀기 위해 노력했어요. 하지만 거란은 막무가내였어요. 그래서 고려는 혹시 모를 침입에 대비해 군사력을 키웠어요. 그리고 1018년, 거란의 10만 대군이 다시 고려에 쳐들어왔어요.

한 놈도 살려 두지 말아라!

이번에는 강감찬이 거란군에 맞서 싸우기로 했어요. 강감찬은 거란군이 고려로 들어오는 길목을 막기 위해 홍화진 상류에 쇠가죽을 설치하여 강물을 가두었어요. 얼마 후 거란군이 강을 건너려 할 때였어요.

"쇠가죽으로 막았던 강물을 흘려보내라!"

쇠가죽을 걷자 거센 물살이 강을 건너던 거란군을 덮쳤어요. 거란군은 물살에 휩쓸려 제대로 몸을 가누시도 못했어요. 큰 피해를 입은 거란군은 군사를 정비해 개경으로 향했어요. 하지만 견고한 개경의 수비에 제대로 싸울 수 없었지요. 거란군은 하는 수 없이 후퇴하기로 했어요. 강감찬은 후퇴하는 거란군을 공격했어요.

"귀주성 인근의 군사를 모두 모아 거란군을 공격한다!"

고려군의 공격에 거란의 10만 대군 중에서 일부만이 살아 고국으로 돌아갔어요. 이 전투를 '귀주 대첩'이라고 해요.

거란의 3차 침입을 겪은 후 고려는 압록강 어귀부터 동해에 이르는 거대한 규모의 천리장성을 쌓아 적을 막아 내고자 했어요.

상류 강이 시작되는 부분.
수비 적의 공격을 막아 냄.
후퇴하다 뒤로 물러나다.
고국 자신이 살던 나라.
어귀 드나드는 길의 입구.

반짝퀴즈 Q2

개경에서 후퇴하는 거란군을 강감찬이 □□(에)서 크게 물리쳤다.

아이쿠! 나 살려!

⭐ **거란의 침입과 고려의 대응**

• 거란의 1차 침입 때 서희는 외교를 통해 거란을 물러나게 했다(993년).

• 거란의 1차 침입 후 고려는 강동 6주를 확보하여 압록강 유역까지 영토를 넓혔다.

• 거란의 2차 침입으로 고려는 큰 피해를 입었지만 양규의 활약으로 거란군을 막아 냈다.

• 거란의 3차 침입 때 거란군이 고려를 쳐들어오자 강감찬이 귀주에서 물리쳤다(귀주 대첩, 1019년).

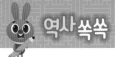
1 다음 지도에 표시된 강동 6주에 대한 설명으로 옳은 것은 무엇입니까?

(   )

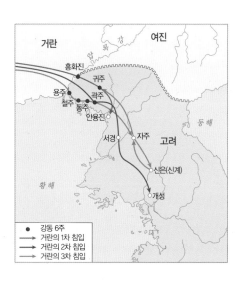

① 거란에게 빼앗긴 고려의 땅이다.
② 거란의 3차 침입 후에 얻은 지역이다.
③ 윤관의 활약으로 거란족을 물리친 지역이다.
④ 강감찬의 활약으로 여진족을 물리친 지역이다.
⑤ 서희의 담판으로 여진족을 몰아내고 얻은 지역이다.

2 고려 시대 거란의 침입에 대해 바르게 말한 친구를 찾아 ○표 하세요.

(1) 서희는 말로써 거란의 침입을 물리쳤어.

(   )

(2) 강감찬은 거란의 2차 침입을 막아 냈지.

(   )

(3) 거란은 고려가 송과 사이좋게 지낼 것을 요구했어.

(   )

(4) 거란의 3차 침입 때 고려는 거란군에 크게 패했어.

(   )

3 다음 (가)에 들어갈 인물은 누구입니까? (   )

(가)

• 문과에 장원 급제함.
• 지금의 낙성대에서 태어남.
• 귀주에서 거란의 3차 침입을 물리침.

3주 1일
학습 끝!

붙임 딱지 붙여요.

① 서희   ② 윤관   ③ 최충헌
④ 강감찬   ⑤ 이순신

카드 세계사

왕안석, 송 개혁에 나서다

왕안석

강감찬이 귀주에서 거란의 3차 침입을 막아 내고 약 50여 년 후, 송은 왕안석이 중심이 되어 나라를 개혁하기 시작했어요. 당시 송은 밖으로는 잦은 외적의 침입에 시달리는 한편, 안으로는 지배층의 부패로 백성이 고통받고 있었어요. 왕안석은 개혁을 통해 귀족들에게 제대로 된 세금을 걷고 백성의 부담을 덜어 주고자 했지요. 하지만 귀족들의 거센 반대로 개혁은 결국 실패하고 말았어요.

개혁하다 제도나 기관을 새롭게 바꾸다.
부패 정치나 사상 등이 잘못된 방향으로 변함.

윤관은 왜 별무반을 만들었나요?

별무반

별무반은 신기군, 신보군, 항마군으로 구성된 부대예요. 신기군은 말을 타고 공격하는 군사이고, 신보군은 걸어다니며 공격하는 군사, 항마군은 젊은 승려로 이루어진 군사였어요. 관리부터 평민, 노비까지 다양한 계층의 사람들로 이루어졌어요. 별무반은 여진족과의 싸움을 승리로 이끄는 데 큰 역할을 했어요.

족장 부족의 우두머리.

여진족을 물리치다

고려의 북쪽에는 한때 말갈족으로 불리던 여진족이 살고 있었어요. 말갈족은 오래전 고구려 유민들과 함께 발해를 세웠던 민족이에요. 따라서 말갈족을 이은 여진족은 고구려를 이은 고려와 떼려야 뗄 수 없는 관계였지요. 고려는 거란족과 달리 여진족에게 너그럽게 대했어요.

하지만 11세기 말 고려와 여진족의 관계가 달라지기 시작했어요. 여진족이 한 부족의 족장을 중심으로 힘을 모으며 세력이 점점 커지자 점차 고려의 땅을 넘보게 된 거예요.

"여진족의 움직임이 이전과 많이 달라졌습니다."

"예전에는 스스로 고려에 땅을 내놓으며 백성으로 받아 달라고 하더니 이제는 그 옛날 여진족의 땅을 내놓으라고 하고 있습니다."

"그것참, 큰일이군."

너희는 자랑스러운 고려의 특수 부대 별무반이다. 용맹하게 여진족에 맞서 싸워라!

고려는 여진족에 맞서기 위해 두 차
례 군대를 보냈어요. 하지만 모두 지고
말았지요. 이를 지켜본 윤관은 예전과
같은 방식으로는 여진족과의 싸움에서
이길 수 없다는 사실을 깨달았어요.

「척경입비도」

계승하다 물려받아 잇다.
회복하다 원래 상태를 되찾다.

　"말을 타고 다니며 공격하는 여진족
　을 걸어 다니는 고려군이 상대하기가
　힘듭니다. 우리에게도 말을 타고 싸
　우는 기병 부대가 필요합니다."

　윤관의 주장으로 여진족에 맞서기 위한 특수 부대인 '별무반'이 탄
생했어요. 윤관은 별무반을 이끌고 여진족과의 전투에서 큰 승리를
거두었어요. 그리고는 여진족이 살고 있던 동북 지방에 9개의 성을
쌓아 그곳이 고려의 땅임을 알렸지요. 동북 9성에는 고려 백성을 옮
겨 와 살게 했어요. 고구려를 계승한 나라 고려가 옛 고구려 땅
을 다시 회복하는 순간이었어요.

Q1
반짝퀴즈

윤관은 여진족을 물리치기 위해 특
수 부대인 □□□을/를 만들었다.

여진족의 다른 이름들
여진족은 시대에 따라 다른 이름으로 불렸어요. 삼국 시대에는 말갈족이라 불리며 우리나라와 깊은 관계를 맺었어요. 고구려의 지배를 받던 말갈족은 고구려가 멸망한 후 고구려 유민과 힘을 모아 발해를 세우기도 했지요.
10세기 무렵부터 말갈족은 '여진족'으로 불리기 시작했어요. 힘을 키운 여진족은 금을 세웠지만 몽골에 의해 다시 뿔뿔이 흩어지게 돼요. 그 후 '만주족'이라 불리던 이들은 훗날 다시 나라를 세웠는데 이것이 바로 청이에요.

간청 간절하게 요청함.

동북 9성을 돌려주다

여진족을 몰아낸 후에도 동북 9성 지역은 여진족의 잦은 공격으로 몸살을 앓았어요. 이 지역에 살았던 여진족이 자신들이 살던 곳을 되찾기 위해 끊임없이 공격했기 때문이에요. 군사적인 방법이 통하지 않자 여진족은 고려에 간청을 하기도 했어요.

"제발 동북 9성을 돌려주시오."

"동북 9성만 돌려준다면 다시는 고려를 공격하지 않겠습니다."

계속되는 여진족의 공격과 간청에 고려 조정은 고민에 빠졌어요. 이 문제를 두고 서로 다른 생각을 가진 신하들이 다투기도 했지요.

"동북 9성을 그냥 돌려주는 것이 어떻습니까?"

"동북 9성은 우리 고려의 땅인데 무슨 그런 말씀을 하시오!"

"여진족이 계속 쳐들어오면 백성이 힘들어질 것입니다."

얼마 후 고려는 동북 9성을 여진족에게 돌려주었어요.

고려는 태조 왕건이 나라를 세울 때부터 줄곧 잃어버린 고구려 땅을 되찾기 위해 북진 정책을 추진해 왔어요. 그러나 동북 9성을 여진족에게 돌려줌으로써 사실상 고려의 북진 정책은 더 이상 이어지지 않게 된 것이나 마찬가지였어요.

동북 9성을 돌려받은 여진족은 안정을 되찾고 다시금 부족의 힘을 모았어요. 그 결과 새로운 나라인 금을 세우게 되었지요. 금은 점점 힘을 키워 거란을 물리치고, 송의 수도까지 차지했어요.

상황이 바뀌면서 고려와 금의 관계도 달라졌어요. 고려를 부모의 나라라 부르며 섬겼던 여진족은 이제 금이 되어 고려에게 신하의 나라로서 자신들을 섬기라고 했지요. 고려 역시 더 이상 금을 무시할 수 없게 되었어요. 별무반을 만들어 여진족을 물리치고 고려를 지키고자 했던 윤관의 노력도 물거품이 되었어요.

북진 정책 북쪽으로 세력을 넓히려는 나라의 정책.
추진하다 밀어서 앞으로 내보내다.
섬기다 신이나 윗사람을 잘 모시어 받들다.

제발 동북 9성을 돌려주세요.

그곳은 우리가 살던 곳이에요.

Q2
반짝퀴즈
고려로부터 동북 9성을 돌려받은 □□□은/는 새로운 나라인 금을 세웠다.

★ 여진족의 침입과 별무반의 설치
- 여진족이 자주 고려를 침입해 오자 윤관은 별무반을 만들어 여진족을 몰아내고 동북 9성을 쌓았다.
- 윤관이 만든 별무반은 신기군, 신보군, 항마군으로 이루어진 고려의 특수 부대이다.
- 동북 9성을 돌려 달라는 여진족의 간청과 공격에 고려는 결국 동북 9성을 돌려주었다.
- 동북 9성을 얻고 힘을 키운 여진족은 새로운 나라인 금을 건국하였다.

1 다음 밑줄 친 '이 민족'은 누구입니까? (   )

「척경입비도」

고구려 유민과 함께 발해를 세운 <u>이 민족</u>은 원래 고려와 친하게 지냈으나, 세력이 커지면서 고려의 국경을 자주 침입했다.

① 왜   ② 한족   ③ 거란족
④ 몽골족   ⑤ 여진족

2 다음은 고려 시대에 만들어진 특수 부대입니다. 각 군사를 잘 나타낸 그림을 줄로 연결하세요.

(1) 신기군 •

(2) 신보군 •

(3) 항마군 •

3 다음 중 선생님의 질문에 바르게 대답한 친구는 누구입니까? (   )

3주 2일
학습 끝!

붙임 딱지 붙여요.

① 준영: 배중손을 중심으로 몽골에 저항했어요.
② 희민: 별무반의 활약으로 강동 6주를 얻었어요.
③ 지민: 윤관의 건의로 만들어진 특수 부대였어요.
④ 상훈: 우리나라를 공격하는 왜적을 혼내 주었어요.
⑤ 연희: 거란족에 대비해서 말 타고 활 쏘는 법을 익혔어요.

고려가 외적의 침입을 막아 내고 있을 무렵 유럽에서는 교황과 황제가 권력 다툼을 하고 있었어요. 신성 로마 제국의 황제 하인리히 4세가 가톨릭 주교를 마음대로 임명하자, 화가 난 교황은 하인리히 4세를 폐위하기로 했어요. 결국 황제는 교황이 머물고 있던 카노사성으로 가서 무릎을 꿇고 교황에게 사과했어요. 이 사건을 '카노사의 굴욕'이라고 해요.

주교 가톨릭에서 한 지역의 관리를 담당하는 사람.
폐위하다 왕, 왕비의 자리를 없애다.
굴욕 남에게 낮추어 보여지거나 하찮게 여겨짐.

몽골과의 전쟁은 얼마나 오래 이어졌나요?

공부한 날짜: 　월 　일

칭기즈 칸

몽골 사신이 죽다

1200년대, 칭기즈 칸이 이끄는 몽골족은 중앙아시아를 중심으로 대제국을 건설했어요.

어느 날 몽골의 공격에 밀려 고려 땅으로 도망친 거란족을 잡겠다며 몽골군이 고려에 들어오

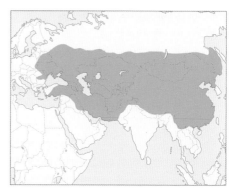

1200년대 몽골의 최대 영역

는 일이 일어났어요. 고려는 몽골군과 힘을 합쳐 거란족을 물리쳤지요. 하지만 그 뒤 몽골족은 자기네 나라로 돌아가지 않고 고려에 머물러 공물을 요구하며 괴롭혔어요. 그러던 중 고려에 온 몽골 사신이 자기네 나라로 돌아가던 길에 죽는 일이 발생했어요.

"몽골 사신 저고여가 죽었어요!"

"이런, 큰일 났군. 몽골이 가만히 있지 않을 거야."

1231년, 사신의 죽음을 구실 삼아 몽골이 고려를 공격하기 시작했어요. 말을 타고 국경을 넘은 몽골군은 남쪽으로 진격했어요. 몽골군이 지나간 자리는 처참할 정도로 큰 피해를 입었지요.

하지만 어려움 속에서도 고려군과 백성은 몽골군에 용맹하게 맞서 싸웠어요. 귀주성에서는 김경손과 박서가 이끄는 고려군이 몽골에 맞서 당당하게 싸웠지요. 고려군의 거센 저항에 몽골군은 귀주성을 정복하지 못한 채 도읍인 개경으로 향했어요.

엄청난 숫자의 몽골군이 빠르게 개경을 포위하자 고려의 왕과 관리들은 더 이상 몽골군의 공격을 막아 낼 수 없다고 생각했어요.

"몽골에 공물을 보내겠소. 제발 공격을 멈추고 돌아가시오."

"대신 조건이 있소. 고려를 감시하기 위해 몽골인 다루가치 72명을 고려에 둘 것이오."

결국 고려는 이 요구를 받아들이고 몽골군을 돌려보낼 수밖에 없었어요.

공물 나라에 바치는 물건.
사신 나라의 명령을 받고 외국에 간 신하.
진격하다 나아가 적을 치다.
처참하다 몸서리칠 정도로 슬프고 끔찍하다.
포위하다 주위를 에워싸다.
다루가치 몽골이 고려를 다스리기 위해 두었던 관리.

Q1
반짝퀴즈

중앙아시아에서 세력을 키운 □□족은 자기 나라 사신을 죽였다는 핑계로 고려를 공격했다.

으아앙~ 엄마~

으악! 사람 살려!

고려가 강화도로 도읍을 옮긴 이유

몽골은 바다에서 먼 지역에서 발전한 나라이기 때문에 바다에서 하는 전투에 약했어요. 강화도는 육지와 가까운 섬이지만 물살이 매우 빠르고 갯벌이 넓어 몽골군이 침략하기 어려운 지역이었어요. 또, 섬이 매우 커 많은 사람이 지낼 수 있었으며 뱃길로 육지의 세금과 각종 물건을 옮기기도 좋았지요.

동아시아 아시아의 동쪽. 흔히 한국, 중국, 일본을 말함.
초원 풀이 나 있는 들판.

도읍을 강화도로 옮기다

강화 고려궁지

몽골의 공격으로 큰 피해를 입은 고려는 깊은 고민에 빠졌어요. 지금까지 여러 나라와 힘들게 만들어 온 동아시아의 평화는 몽골의 등장으로 끝이 났고, 몽골군이 돌아갔지만 안전하다고 할 수 없었기 때문이에요. 당시 무신 정권을 이끌던 최우는 고려의 도읍을 개경에서 강화도로 옮길 것을 주장했어요.

"몽골군은 말을 타고 초원을 누비던 민족이라 바다에는 약합니다. 그러니 개경을 떠나 강화도로 갑시다!"

"그곳이라면 몽골의 공격을 막아 내기가 좀 수월하겠군요."

얼마 후 왕과 관리들은 급하게 개경을 떠나 강화도로 갔어요. 하지만 육지에 남은 백성은 여전히 두려움에 떨어야 했지요.

"왕과 관리들이 모두 떠나 버리면 백성은 누가 지킨단 말이오?"

우리도 데리고 가시오!

아이고! 왕이 백성을 버리고 가다니!

90

나라에서는 백성에게 깊은 산이나 성에 숨어 몽골군을 피하라고
말했어요. 하지만 이것은 말처럼 쉬운 일이 아니었어요.

"몽골군이다! 몽골군이 또 쳐들어왔다!"

1차 공격 이후 고려를 떠났던 몽골군이 얼마 후 다시 고려에 쳐들
어왔어요. 몽골군은 건물과 소중한 문화재를 불태우고 잔인하게 고
려의 백성을 죽였어요. 또 몽골의 공격이 주로 가을에 일어났기 때
문에 백성은 갓 수확한 식량을 몽골군에게 빼앗겨야만 했지요. 계속
되는 전쟁으로 백성의 고통은 말할 수 없었어요.

"수확한 곡식을 몽골군이 모두 빼앗아 갔어."

"굶어 죽나, 몽골군 손에 죽나. 살 방법이 없군."

한편 강화도가 몽골에 함락되지는 않았지만 육지에서 입은 막대한
피해로 고려는 더 이상 전쟁을 이어 가기 어려웠어요. 결국 고려 조
정은 전쟁을 멈추는 조건으로 강화도에서 개경으로 다시 돌아오기로
했어요. 이로써 길었던 28년간의 몽골 침략이 끝이 났지요.

문화재 조상들이 남긴 것들
중 역사적 또는 문화적으로
가치가 매우 높은 것.
막대하다 더할 수 없을 만큼
많거나 크다.

Q2

반짝퀴즈

고려 조정은 몽골에 맞서기 위해
개경에서 □□□(으)로 도읍을 옮
겼다.

음....

왕실의 안전이 곧
나라의 안전이옵니다.

⭐ **몽골의 침략**

• 몽골은 고려에 보낸 사신의 죽음을 핑계로 고려에 쳐들어왔다(1231년).

• 몽골군이 귀주성을 공격하자 김경손과 박서가 이끄는 고려군이 이를 막아 냈다.

• 몽골군이 개경을 포위하자 고려는 다루가치를 두는 조건으로 몽골군을 돌려보냈다.

• 고려 조정은 몽골군에 맞서기 위해 도읍을 개경에서 강화도로 옮겼다.

• 전쟁을 멈추는 조건으로 고려 조정이 개경으로 돌아오면서 몽골 침략이 끝났다.

1 다음 ⑺에 들어갈 말로 알맞은 것은 무엇입니까? (   )

① 송　　　　　　　　② 거란족　　　　　　　③ 여진족
④ 몽골족　　　　　　⑤ 아라비아

2 다음 선생님의 질문에 대한 답으로 알맞은 것은 무엇입니까? (   )

강화 고려궁지

① 몽골과 친하게 지내기 위해서
② 백성을 더 잘 보살피기 위해서
③ 거란의 침입을 막아 내기 위해서
④ 잃어버린 고구려의 땅을 되찾기 위해서
⑤ 바다에 약한 몽골군을 막아 내기 위해서

3 다음 ㈎～㈐의 사건을 일어난 순서대로 바르게 나열한 것은 무엇입니까?

(   )

㈎	㈏	㈐
몽골의 침략이 끝이 났다.	김경손과 박서가 몽골군에 맞서 싸웠다.	고려 조정이 강화도로 도읍을 옮겼다.

3주 3일
학습 끝!

붙임 딱지 붙여요.

① ㈎－㈏－㈐   ② ㈎－㈐－㈏   ③ ㈏－㈐－㈎

④ ㈏－㈎－㈐   ⑤ ㈐－㈏－㈎

카드 세계사

칭기즈 칸, 세계를 누비다

칸의 산(내몽고)

28년 동안 고려를 6차례나 침입한 몽골족은 칭기즈 칸과 함께 몽골 제국을 건설했어요. 중앙아시아를 중심으로 성장한 몽골 제국은 강한 힘을 바탕으로 유럽과 이슬람 지역까지 진출했지요. 칭기즈 칸은 자신에게 복종하는 나라에게는 자치권을 보장해 주었지만, 저항하는 나라는 용서하지 않았어요. 1271년, 쿠빌라이 칸에 의해 나라 이름을 '원'으로 바꾼 몽골 제국은 세계적인 대제국으로 성장했어요.

복종하다 명령에 따르다.
자치권 자기 지역을 스스로 통치할 권리.

공부한 날짜: ☐월 ☐일

고려는 어떻게 몽골에 맞서 싸웠나요?

초조대장경과 팔만대장경
거란이 고려를 쳐들어왔을 때 고려의 왕과 신하들은 부처님의 힘으로 거란을 물리치기 위해 '초조대장경'을 만들었어요. 이후 거란이 물러나자 고려 사람들은 이것이 부처님의 덕이라고 생각했지요.
몽골군의 침략으로 초조대장경이 불에 타 버리자 놀란 고려 왕실과 무신들은 백성의 마음을 다시 한 번 모으고, 부처님의 힘으로 적을 물리치기 위해 팔만대장경을 만들었어요.

저항 어떠한 힘에 굴하지 않고 꿋꿋이 버팀.
활약 활발하게 활동함.
노비 문서 노비를 사고팔거나 부리는 데 관련된 내용이 적혀 있는 문서.

온 백성이 힘을 모으다

대제국 몽골과의 싸움은 고려에게 매우 어려운 일이었어요. 하지만 백성은 포기하지 않고 힘을 모아 몽골에 맞섰지요.

몽골의 공격 소식이 전해지자 승려 김윤후는 가만히 있을 수 없었어요. 그래서 고려를 지키기 위해 백성과 함께 처인성에서 몽골군에 맞서기로 했지요. 고려 백성의 끈질긴 저항으로 몽골군을 이끌던 장수가 화살에 맞아 죽자 몽골군은 물러날 수밖에 없었어요.

김윤후의 활약은 몇 년 후, 충주성에서도 계속됐어요. 김윤후는 전쟁으로 지친 백성 앞에서 힘을 주어 말했어요.

"이대로 물러날 수 없소. 힘을 다해 싸우는 자에게는 신분을 가리지 않고 관직을 줄 것이오. 또한, 노비 문서 역시 불태우겠소."

김윤후의 연설에 백성은 있는 힘을 다해 몽골군에 맞섰어요. 그 결과 처인성에 이어 충주성에서도 큰 승리를 거두었지요.

하지만 오랜 전쟁으로 백성은 이미 지칠 대로 지친 상태였어요.

"이러다가 몽골에게 모두 빼앗기고 말겠어요. 다시 마음을 모아 봅시다."

"대장경을 만들면 부처님의 힘으로 고려를 지킬 수 있을 거예요."

고려 조정과 무신 정권은 백성의 마음을 하나로 모으기 위해 대장경을 만들기로 했어요. 그 과정에서 많은 백성이 힘을 보탰지요.

"나무에 불경을 새길 때마다 세 번씩 절을 하고 글자를 새깁시다. 정성을 다해 마음을 모으면 고려를 지킬 수 있을 거예요."

대장경을 만드는 데는 기술 좋은 목수와 서예가, 승려 등이 동원됐어요. 나무에 불경을 새기는 일은 16년이나 이어졌고, 이렇게 만들어진 목판이 무려 8만 장이 넘었지요. 얼마나 정성을 들였는지 8만 장의 목판 중 틀린 글자를 찾아보기 어려울 정도였어요. 팔만대장경에 들인 정성과 노력은 나라를 지키려 했던 고려 사람들의 간절한 마음이기도 했어요.

합천 해인사 대장경판

대장경 불경을 적어 놓은 글.
불경 불교의 가르침.
목수 나무를 다루는 일을 직업으로 하는 사람.
서예가 붓글씨를 쓰는 일을 직업으로 하는 사람.
동원되다 어떤 목적을 이루고자 사람을 모으거나 물건, 수단, 방법 등을 집중되다.

반짝퀴즈 Q1

고려는 부처님의 힘으로 몽골의 침략을 막아 내고자 팔만□□□을/를 만들었다.

부처님, 고려를 지켜 주십시오.

삼별초

삼별초의 시작은 야별초였어요. 무신 정권의 최우는 도둑을 막겠다며 군사들을 모아 밤마다 순찰을 돌게 했지요. 지방에도 야별초를 보내 도적을 막았는데 그 과정에서 야별초의 수가 늘어났어요. 야별초는 좌별초, 우별초로 나누어졌는데 여기에 몽골에서 도망쳐 온 고려인으로 구성된 신의군까지 합쳐지면서 삼별초라고 불리게 되었어요. 삼별초의 항쟁은 몽골에 맞서기 위한 것일 뿐만 아니라 무신들이 자신들의 권력을 지키기 위해 끝까지 싸운 것이기도 해요.

규모 크기나 범위.
반발하다 거스르고 반항하다.

삼별초가 항쟁하다

강화도로 도읍을 옮겼던 고려 조정이 개경으로 돌아오며 몽골과의 전쟁은 끝이 났어요. 하지만 삼별초의 저항은 계속되었지요.

'삼별초'는 무신 집권기에 최우가 만든 특별 부대예요. 원래 밤에 도둑을 잡기 위해 만든 부대였는데 그 규모가 점점 커졌어요. 삼별초는 고려 왕실이 몽골에게 고개를 숙이고 개경으로 돌아가려 할 때 크게 반발했어요.

삼별초의 항쟁

"개경으로 돌아가면 안 됩니다. 계속 몽골에 맞서 싸워야 합니다!"

"맞습니다. 몽골이 우리 백성을 얼마나 괴롭혔습니까? 이대로 고개를 숙인다면 백성의 고통은 계속될 것입니다."

고려 조정이 개경으로 돌아간 후 배중손을 중심으로 한 삼별초는 배를 타고 강화도에서 진도로 내려와 성을 쌓았어요.

그리고 진도에서 백성과 힘을 모아 다시 한 번 몽골군에 맞섰지요. 조정에서는 삼별초에게 해산하라고 했지만 따르지 않았어요. 배중손이 이끄는 삼별초는 고려 조정을 위협할 정도로 그 세력이 커졌어요. 몽골에 저항하던 세력이 삼별초에 합류하며 힘을 보탰기 때문이에요.

제주 항파두리 항몽 유적

해산하다 모였던 사람들이 흩어지거나 모임이나 단체가 해체되어 사라지다.
위협하다 힘으로 으르고 협박하다.
간섭하다 직접 관계가 없는 남의 일에 끼어들어 참견하다.

얼마 후 고려 조정과 몽골군은 힘을 모아 삼별초를 공격하기 시작했어요. 쫓기던 삼별초는 제주도까지 도망을 갔지요. 그곳에서도 삼별초의 저항은 계속되었어요. 하지만 결국 고려군과 몽골군의 공격을 견디지 못해 3년 만에 항복했어요.

고려 조정이 강화도에서 개경으로 돌아온 후 몽골은 본격적으로 고려의 정치에 간섭하기 시작했어요. 그러한 가운데 끝까지 고려를 지키기 위해 저항한 삼별초의 활약은 큰 의미가 있는 일이었어요.

Q2
반짝퀴즈

□□□은/는 강화도에서 진도, 제주도까지 옮겨 가며 3년 동안 몽골과 고려 조정에 맞서 싸웠다.

⭐ 몽골로부터 나라를 지키기 위한 노력

- 몽골이 쳐들어오자 김윤후와 백성은 처인성과 충주성에서 몽골군과 싸워 크게 이겼다.
- 고려는 팔만대장경을 만들어 백성의 마음을 하나로 모으고자 했다.
- 팔만대장경에는 부처님의 힘으로 몽골의 침입을 막고 나라를 지키려 한 사람들의 마음이 담겨 있다.
- 고려 조정이 강화도에서 개경으로 돌아가려 하자 배중손이 이끄는 삼별초는 이에 저항하였다.
- 삼별초는 강화도→진도→제주도로 옮겨 가며 고려 조정과 몽골에 맞서 싸웠다.

1 다음 밑줄 친 '나'는 누구입니까? (   )

① 서희   ② 윤관   ③ 일연   ④ 김윤후   ⑤ 김경손

2 다음과 같이 고려 시대에 부처님의 힘으로 몽골의 침입을 물리치기 위해 만든 문화재는 무엇인지 쓰세요.

(   )

3 다음 ⑺에 들어갈 내용으로 알맞은 것은 무엇입니까? (   )

〈한국사 열린 마당〉 묻고 답하기

> 삼별초의 항쟁에 대해 알려 주세요. 🔍

   ㄴ 중심 인물은 배중손 등이었다.

   ㄴ ⑺

   ㄴ 제주도까지 가서 항쟁하다 몽골군과 고려군에 의해 진압되었다.

① 강동 6주를 확보했다.　　② 별무반과 함께 힘을 모았다.

③ 항쟁 기간은 3개월 정도였다.　　④ 몽골을 도와 일본을 공격했다.

⑤ 진도에서 세력을 모아 몽골에 항쟁했다.

3주 4일
학습 끝!

붙임 딱지 붙여요.

카드 세계사

영국, 의회의 시초가 세워지다

더 이상 왕이 잘못된 정치를 하는 것을 두고 볼 수 없소!

올소!　올소!　올소!

고려 조정이 강화도에서 개경으로 돌아가기 몇 해 전, 영국에서는 헨리 3세라는 왕이 잘못된 정치로 나라를 어지럽히고 있었어요. 헨리 3세가 나랏돈을 함부로 사용하고, 무분별하게 전쟁을 일으키자 국민들의 원성이 높았어요. 더 이상 이 모습을 두고 볼 수 없었던 귀족들은 왕의 잘못된 정치를 막기 위해 '대자문 회의'를 열었는데 이것이 오늘날까지 이어지는 영국 의회의 시초가 되었어요.

원성 원망하는 소리.
대자문 회의 신하들이 나랏일을 결정하는 회의.
시초 始(비로소 시)와 初(처음 초)가 합쳐진 말로, 맨 처음을 뜻함.

공민왕은 어떻게 고려를 개혁했나요?

공부한 날짜: ☐ 월 ☐ 일

일본 정벌과 정동행성

고려와의 전쟁에서 이긴 원은 곧이어 일본 정벌에 나섰어요. 전쟁에 필요한 배와 식량은 모두 고려에서 준비했지요. 원군과 고려군이 일본 쓰시마섬을 점령하기 위해 나서자 큰 태풍이 불어왔어요. 원군은 큰 피해를 입고 되돌아와야만 했지요. 얼마 후 원은 다시 일본 정벌에 나섰어요. 이때 고려에 정동행성이란 관청을 만들어 전쟁에 필요한 물자와 무기를 준비했지요. 하지만 이번에도 태풍을 만나 실패했어요. 두 번의 일본 정벌 실패로 고려 역시 큰 피해를 입게 되었어요.

정벌 적 또는 죄가 있는 무리를 무력으로써 침.

원의 간섭으로 고통받다

끔찍한 전쟁이 끝났지만 고려의 고통은 끝나지 않았어요. 고려에 대한 원의 어마어마한 간섭이 시작되었기 때문이에요.

원은 제멋대로 고려의 왕을 정하고, 원에 충성하라는 의미로 왕의 이름에 '충(忠)'이라는 글자를 넣었어요. 당시 왕이었던 충렬왕, 충선왕, 충숙왕 등은 모두 이렇게 지어진 이름이었어요. 한편 고려의 왕은 왕이 되기 전에 일정 기간 원에서 지내야 했어요. 또한 원 공주와 결혼해야 했는데 이로써 고려는 원의 사위 나라가 되었지요.

원은 지금까지 그랬던 것처럼 엄청난 양의 공물을 요구했어요. 심지어 원이 전쟁을 치를 때에는 더 많은 것을 요구하기도 했지요.

"이번에 우리가 일본 정벌에 나설 것이니 고려도 준비를 하시오."

정동행성은 원이 일본 정벌을 위해 고려에 만든 기구였어요. 이 기구를 통해 원은 전쟁에 필요한 배와 식량, 무기 등을 받아 썼지요.

원은 두 차례나 일본을 공격했는데 날씨가 좋지 않아 모두 실패하고 말았어요. 이후 전쟁의 실패로 인한 피해는 고스란히 고려에 남게 되었지요.

원은 물자뿐만 아니라 고려의 처녀들을 '공녀'라는 이름으로 해마다 자기네 나라로 끌고 갔어요. 귀한 딸을 먼 나라로 보내야 하는 가족의 마음은 찢어질 듯 아팠지요. 공녀로 끌려간 고려의 처녀들은 원 황실의 궁녀가 되거나 귀족의 집에서 하녀로 살며 갖은 고생을 했어요. 이 밖에도 원 간섭기에 고려 사람들이 겪은 고통은 말로 다 할 수 없을 정도였어요.

그런데 이러한 때를 이용해 막대한 이득을 보는 사람들이 생겨났어요. 바로 원과 친하게 지내면서 자신의 세력을 키운 권문세족이에요. 고려 말 새로운 지배층이 된 권문세족은 백성이 가진 땅을 함부로 빼앗아 자신의 재산을 늘리고 괴롭히는 등 부정부패를 일삼았어요. 원의 간섭도 모자라 권문세족의 행패까지 더해져 백성의 생활은 더욱 어려워졌지요.

물자 어떤 활동에 필요한 여러 가지 물건이나 재료.
궁녀 궁에서 일하는 여인.
행패 체면에 맞지 않는 난폭한 짓 또는 그 행동.

반짝퀴즈 Q1

원 간섭기에 원과 친하게 지내며 자신의 세력을 키운 사람들을 □□□□(이)라고 한다.

지금 공녀로 가면 다시 돌아올 수 없겠지?

흑, 엄마.

아이고, 내 딸!

공민왕이 개혁 정치를 펴다

시간이 흐르자 끝날 것 같지 않았던 원의 기세도 점차 줄어들었어요. 이 틈을 타 중국에서는 원을 멸망시키려는 세력이 나타나기도 했지요. 당시 고려의 왕이었던 공민왕은 이러한 분위기 속에서 원의 간섭에서 벗어나기 위한 정책을 펼쳤어요.

공민왕 때 되찾은 고려 영토

"이제부터 고려에서 몽골의 옷과 몽골식 머리를 금한다."

"그리해도 되겠사옵니까?"

"고려 사람이 고려의 풍습을 따르는 것이 무엇이 문제인가? 당장 시행토록 하라!"

공민왕의 명령과 함께 고려의 모습은 차츰 달라지기 시작했어요. 원이 고려에 설치했던 정동행성이 없어지고, 원에게 빼앗겼던 고려의 땅도 되찾게 되었지요.

고려에서 몽골풍을 몰아내고 고려의 것을 되찾을 것이다!

102

공민왕은 원에 빌붙어 세력을 넓히고, 백성을 괴롭힌 권문세족의 잘못도 바로잡고자 했어요. 그래서 이 일을 실행하기 위해 승려 신돈을 불렀지요.

"나는 고려를 개혁할 것이오. 이를 위해 권문세족과 친하지 않으면서 욕심 없는 신하의 도움이 필요하오. 그대가 나를 도와주시오."

공민왕의 명을 받은 신돈은 고개를 조아리며 개혁에 대한 의지를 다졌어요. 그리고는 즉시 전민변정도감을 설치하여 권문세족이 함부로 빼앗은 백성의 땅을 찾아 주기 시작했지요. 또, 억울하게 권문세족의 노비가 된 사람들의 신분도 원래대로 돌려놓았어요. 하지만 권문세족의 거센 반대로 개혁은 순조롭지 못했어요. 결국 신돈은 관직에서 쫓겨나게 되었고 공민왕의 죽음으로 개혁도 실패했어요.

기세 기운차게 뻗치는 모양이나 상태.
금하다 무엇을 못하게 하다.
풍습 풍속과 습관.
시행하다 실지로 행하다.
빌붙다 권력이나 이득을 얻기 위해 남에게 기대다.
전민변정도감 고려 후기에 만든 임시 관청으로, 문제나 사고 없이 빼앗긴 농민의 땅을 되찾아 주었음.
순조롭다 일이 아무 탈 없이 예정대로 잘되다.

Q2
반짝퀴즈

□□□은/는 정동행성을 폐지하고 원에 빼앗긴 영토를 되찾았다.

□ □ □

⭐ **원의 간섭과 공민왕의 개혁**

• 원 간섭기에 고려의 왕은 원에 일정 기간 머물러야 왕이 될 수 있었고, 원의 공주와 결혼해야 했다.

• 원은 고려에 정동행성을 설치하여 일본 정벌에 필요한 물자를 공급받았다.

• 권문세족이 원과 친하게 지내며 세력을 키우고 부정부패를 일삼자 이로 인해 백성의 고통이 커졌다.

• 공민왕은 원의 풍습을 없애고, 빼앗긴 땅을 되찾는 등 고려를 개혁하기 위해 노력했다.

• 전민변정도감은 권문세족에게 빼앗긴 백성의 땅을 돌려주기 위해 공민왕 때 만든 기구이다.

1 다음 중 원이 고려를 간섭하던 모습으로 바른 것을 <u>모두</u> 찾아 ○표 하세요.

⑴ 고려 왕은
원 공주와
결혼해야 하오!

(   )

⑵ 일본을 정벌할
것이니 고려도 이를
도우시오.

(   )

⑶ 고려의 처녀들을
공녀로 원에
보내시오.

(   )

⑷ 앞으로
몽골식 머리를 해선
안 되오.

(   )

2 다음과 같이 원에 빼앗긴 고려의 땅을 되찾은 왕은 누구입니까?

(   )

① 광종
② 성종
③ 공민왕
④ 충렬왕
⑤ 태조 왕건

3 다음 대화 속 (가)는 누구입니까? (   )

① 신돈   ② 윤관   ③ 강감찬   ④ 김윤후   ⑤ 최충헌

3주 5일
학습 끝!

붙임 딱지 붙여요.

카드 세계사

마르코 폴로,
『동방견문록』

고려가 원의 간섭을 받고 있을 무렵 마르코 폴로라는 이탈리아 사람은 원을 여행 중이었어요. 1298년경, 그는 원에서 겪은 일을 바탕으로 『동방견문록』이라는 책을 썼어요. 이 책에는 황금으로 지은 궁전, 넓고 잘 닦인 길, 종이돈, 불붙는 돌에 이르기까지 놀라운 이야기가 가득했어요. 마르코 폴로의 『동방견문록』을 읽은 서양 사람들은 동양에 대해 더욱 큰 호기심을 가지게 되었다고 해요.

서양 유럽과 남북아메리카의 여러 나라.
동양 아시아의 동부 및 남부 지역. 한국, 중국, 일본, 인도, 미얀마 등.

PART 4

고려의 대외 관계와
기술의 발달

고려는 여러 나라와 활발히 교류하며 수준 높은 문화를 이루었어요.
한편 고려 시대에는 여러 가지 과학 기술도 발달했지요.
고려의 대외 관계와 기술의 발달 모습을 살펴봐요.

고려는 다른 나라와 어떻게 교류했나요?

공부한 날짜: ☐ 월 ☐ 일

신안 보물선

1975년에 전라남도 신안 앞바다에서 일하던 어부의 그물에 중국에서 만든 도자기가 걸려 올라왔어요. 조사 결과 이것은 14세기에 만들어진 유물이었지요. 도자기가 발견된 바닷속에는 청자와 백자를 포함해 2만2천 개가 넘는 유물이 가라앉아 있었어요. 이 유물들은 고려 시대에 물건을 싣고 일본으로 향하던 배가 침몰하여 가라앉은 것들이었어요. 이를 통해 당시 국제 교류가 얼마나 활발하게 일어났는지 알 수 있지요.

무역 나라와 나라 사이에 물건을 사고파는 일.
문물 정치, 경제, 종교, 예술, 법률 등 문화에 관한 모든 것.
부유하다 재물이 넉넉하다.

벽란도, 국제 무역항이 되다

오늘날 외국인들은 우리나라를 '코리아'라고 불러요. 그런데 '코리아'라는 이름은 언제부터 사용된 것일까요?

고려 시대에 예성강 하구에 위치한 벽란도에서 '코레아'라는 말을 자주 들을 수 있었어요. 벽란도를 찾은 아라비아인들이 '고려'를 '코레아'라고 불렀기 때문이에요. 당시 벽란도를 찾은 아라비아인들은 물건을 사고팔기 위해 온 상인이 대부분이었어요.

대식국이라 불리던 아라비아는 송과의 무역을 통해 고려에 대해 잘 알고 있었어요. 특히 아라비아에서는 고려를 문물이 발달한 부유한 나라로 알고 있었기 때문에 많은 아라비아 상인이 고려와 교류하고 싶어 했지요. 배가 한번 들어올 때면 많은 아라비아 상인이 벽란도를 찾았어요. 아라비아 상인뿐만 아니라 송, 동남아시아, 일본 등 다양한 나라의 상인들이 벽란도에 모여들었지요.

이번에 들어온 향료는 질이 아주 좋군요.

벽란도에는 항상 여러 나라의 무역선이 가득했어요. 그중에서도 고려와 활발히 교류했던 송의 무역선이 가장 많았어요.

벽란도에 무역선이 도착하면 바로 시장이 열리기도 했어요. 외국에서 들어온 신기한 물건을 사려고 많은 사람이 몰려들었기 때문이에요. 이 과정에서 벽란도는 고려 최고의 무역항으로 발전했지요. 여러 나라와의 활발한 교류는 고려가 새로운 문물을 받아들이고, 수준 높은 문화를 이루는 데에 도움을 주었어요.

한편 벽란도는 개경에서 가까운 항구였기 때문에 개경에 가기 위해 모여드는 사람들도 많았어요. 외국에서 들어오는 사신들 중 대부분은 벽란도를 통해 도읍인 개경으로 들어갔지요.

벽란도의 위치

무역선 무역을 하기 위해 물건을 실어 나르는 배.

Q1
반짝퀴즈

고려 시대에 □□□은/는 여러 나라 상인들이 오고 가는 국제 무역항이었다.

109

고려 시대의 화폐

고려 시대에 상업과 무역이 발달하면서 996년, 우리나라 최초의 금속 화폐인 건원중보가 만들어졌어요. 그리고 은 1근으로 만든 은병 모양의 화폐도 등장했지요. 이 외에도 해동통보, 동국통보, 동국중보 등 여러 화폐가 만들어졌지만 그리 많이 사용되지는 않았다고 해요. 사람들이 화폐보다는 곡식이나 삼베로 더 많이 거래했기 때문이에요.

건원중보

특산물 그 지역에서 많이 나는 생산물.
기슭 산의 비탈이 끝나는 아랫부분.
터 집이나 건물을 지었거나 지을 자리.

개경이 국제도시로 성장하다

벽란도에서 30리 정도 떨어진 곳에 고려의 도읍인 개경이 있었어요. 태조 왕건이 자신의 고향인 송악을 도읍으로 정하고 광종은 송악을 개경이라는 이름으로 바꾸었어요. 이후 개경은 약 500여 년 동안 고려의 도읍이었지요.

개경은 한반도의 중심에 있고, 주변이 산으로 둘러싸여 있어서 도읍으로 하기에 아주 좋은 곳이었어요. 또한, 예성강과 임진강, 한강이 가까워 뱃길을 통해 여러 가지 물자를 옮기고, 다른 나라와 무역을 하기에도 좋았지요.

개경과 가까운 벽란도에는 무역선 외에도 전국을 오가는 고려 배들이 많았어요. 이 배들을 통해 각 지역에서 거둔 세금과 특산물이 개경으로 들어왔어요. 고려를 찾은 사신과 상인들 역시 벽란도를 거쳐 개경으로 들어왔어요. 이렇게 지리적인 조건을 이용하여 개경은 국제도시로 성장하였지요.

개경에 있는 송악산 남쪽 기슭에는 고려의 궁궐이 있었는데, 오늘날 궁궐은 없어지고 그 터인 '만월대'만 볼 수 있다고 해요.

개경에는 꽤 넓은 도로도 있었어요. 남북 대로와 동서 도로가 만나는 곳에는 시전이 많이 있었지요. 벽란도를 통해 개경에 온 외국 상인들은 이곳에 와서 물건을 팔곤 했어요. 심지어 어떤 외국 상인은 개경에 직접 가게를 차려서 장사를 하기도 했다고 해요. 이를 통해 개경이 국내 상인뿐만 아니라 다른 나라 상인들과도 교류가 활발한 국제도시였다는 사실을 알 수 있어요.

상업이 발달하고 무역을 통한 국제 교류가 활발해지면서 고려 시대에는 '건원중보', '해동통보', '은병' 등의 화폐가 만들어지기도 했어요. 그러나 실제로 많이 사용되지는 않았다고 해요.

시전 시장 거리의 가게.

김홍도, 「기로세련계도」

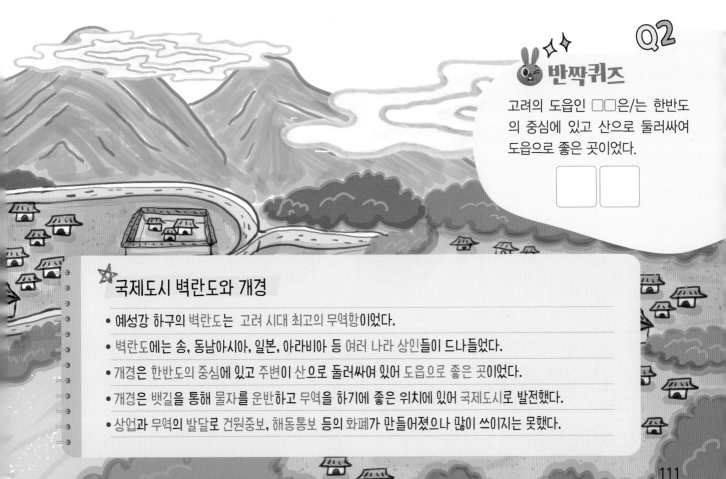

Q2

✨ 반짝퀴즈

고려의 도읍인 □□은/는 한반도의 중심에 있고 산으로 둘러싸여 도읍으로 좋은 곳이었다.

☐ ☐

⭐ **국제도시 벽란도와 개경**

• 예성강 하구의 벽란도는 고려 시대 최고의 무역항이었다.

• 벽란도에는 송, 동남아시아, 일본, 아라비아 등 여러 나라 상인들이 드나들었다.

• 개경은 한반도의 중심에 있고 주변이 산으로 둘러싸여 있어 도읍으로 좋은 곳이었다.

• 개경은 뱃길을 통해 물자를 운반하고 무역을 하기에 좋은 위치에 있어 국제도시로 발전했다.

• 상업과 무역의 발달로 건원중보, 해동통보 등의 화폐가 만들어졌으나 많이 쓰이지는 못했다.

1 다음 중 선생님의 질문에 바르게 대답한 친구는 누구입니까? (   )

다른 나라와의 활발한 교류는 고려에 어떤 영향을 주었나요?

① 대근: 원의 간섭이 심해졌어요.

② 은수: 백성의 삶이 어려워졌어요.

③ 아라: 왕의 힘이 약해지게 되었어요.

④ 다영: 다른 나라의 침입이 잦아졌어요.

⑤ 세형: 새로운 문물을 받아들여 수준 높은 문화를 발전시켰어요.

2 다음 건원중보에 대한 설명으로 알맞은 것을 **두 가지** 고르세요. (   )

① 고려 시대에 만들어졌다.

② 우리나라 최초의 금속 화폐이다.

③ 일부 귀족들만 사용할 수 있었다.

④ 고려 시대에 활발하게 사용되었다.

⑤ 고려 시대에 은이 많이 사용되었음을 보여 준다.

3 다음 (가)에 공통으로 들어갈 지역은 어디입니까? (   )

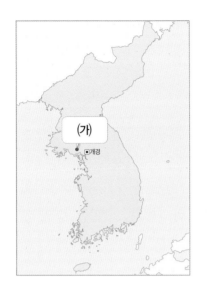

고려 시대에는 예성강 하구에 위치한 ☐(가)☐ 을/를 중심으로 국제 무역이 활발하게 이루어졌다.

① 인천항
② 울산항
③ 청해진
④ 벽란도
⑤ 당항성

4주 1일
학습 끝!

붙임 딱지 붙여요.

카드 세계사

상인 세력, 길드가 등장하다

조스트 암만, 「제화공」

렘브란트, 「직물 길드 이사회」

고려 시대에 벽란도에서 상인들의 교역이 활발하게 이뤄진 것처럼 유럽에서도 농업 생산량과 지역 간의 교류가 늘면서 지중해를 오가는 무역이 활발하게 이루어졌어요. 이러한 분위기 속에서 상인들의 세력이 커지자 이들은 협동조합인 길드를 만들었지요. 길드는 귀족 세력에 맞서기도 하고, 도시의 행정에도 관여를 하며 자신들의 이익을 늘려 갔어요.

협동조합 경제적으로 협력하기 위하여 만든 조직.
길드 중세 시대 상공업자들이 만든 동업 조합.

고려는 다른 나라에 어떤 물건을 사고팔았나요?

다양한 물건을 교류하다

여러 나라 상인들은 벽란도에서 어떤 물건을 사고팔았을까요? 벽란도를 찾는 상인이 많아지며 교류하는 물건도 다양해졌어요.

벽란도에서 가장 많이 볼 수 있는 외국인은 송에서 온 사람이었어요. 송은 고려가 가장 활발하게 교류한 나라예요. 고려는 송의 앞선 문물을 받아들이고자 했고, 송은 고려청자를 비롯한 고려의 우수한 물건을 사고 싶어 했지요.

고려는 송에서 비단, 자기, 약재 등 왕실과 귀족들이 즐겨 쓰는 물건을 수입했고, 금, 은, 나전 칠기, 고려청자, 화문석, 인삼, 종이, 먹 등을 수출했어요. 그중 인삼과 종이는 송에서 인기가 많았지요. 한편 고려는 송으로 유학생이나 승려를 보내고, 사신을 왕래하며 여러 가지 제도와 음악, 도자기 기술 등을 받아들이기도 했어요.

멀리서 찾아온 아라비아 상인에게는 금과 비단 등을 팔고 후추, 수은과 같은 향료나 약품 등을 사들였어요.

고려와 송의 관계

송은 무역에 적극적인 나라였기 때문에 아라비아처럼 먼 나라와도 활발하게 교류했어요. 그 결과 다양한 문물을 받아들이고 발전시킬 수 있었지요. 고려는 송으로부터 이러한 새로운 문물을 받아들이고 싶어 했어요.
한편 군사력이 약한 송은 고려를 통해 북쪽에 있는 거란과 여진의 세력을 견제하고자 했어요.

자기 흙을 빚어 아주 높은 온도에서 구운 그릇.
수입하다 다른 나라로부터 상품이나 기술 등을 사들이다.
화문석 꽃 모양을 놓아 짠 돗자리. 강화도의 것이 유명함.
수출하다 다른 나라에 물건이나 기술을 팔다.

인삼이다!

내 차례까지 올까?

오늘은 꼭 고려 인삼을 아라비아로 가져가야지!

"아라비아에서 온 후추라는 건데 향이 참 묘해요."

"아라비아 상인들의 생김새만큼이나 신기한 향이군."

북쪽으로 거란, 여진과도 교류했어요. 고려는 거란과 여진에 농기구, 곡식 등을 수출했고, 은, 모피, 말 등을 수입했어요. 때때로 거란과 여

고려의 대외 관계

진은 고려에서 대장경과 같은 책을 구해 가기도 했지요. 거란, 여진과의 무역은 송과의 무역만큼 활발하지 않았어요.

고려는 바다 건너 일본과도 교류했어요. 하지만 활발하지 않았으며 형식적으로만 이루어졌다고 해요.

이와 같이 고려는 교류하는 나라에 따라 다양한 물건을 주고받았어요.

수은 상온에서 유일하게 액체 상태인 은백색의 금속 원소.
향료 음식이나 화장품에 사용되는 향이 있는 물질.
모피 짐승의 털가죽.

✨ 🐰 **반짝퀴즈**   **Q1**

고려는 여러 나라 중 □와/과 가장 활발하게 교류했다.

원에 퍼진 고려양

고려양은 빠른 속도로 원에서 유행하기 시작했어요. 원 황실에 사는 여성들은 자신들이 원래 입던 원피스 대신 고려 여성들이 입던 A자 모양 저고리와 치마의 투피스를 즐겨 입었다고 해요. 고려 말의 관리인 박익의 묘에 그려진 그림을 통해 고려 여성들의 옷차림을 짐작할 수 있어요.

밀양 박익 벽화묘

왕래 가고 오고 함.
망측하다 정상적이지가 않아서 차마 보기가 어렵다.
족두리 위는 여섯 조각으로 각이 지고 아래는 둥근 머리에 쓰는 관.

몽골풍과 고려양이 유행하다

고려가 원의 간섭을 받게 된 이후에는 원과 고려의 왕래가 늘면서 자연스럽게 두 나라 사이의 교류도 늘게 되었어요.

"아이쿠, 저 머리 모양 좀 보게."

"망측하기도 하지. 어쩜 머리 모양을 저리하고 다닐까?"

원 사람들의 머리 모양을 처음 본 고려 사람

은장도

들은 머리 모양이 매우 이상하다고 생각했어요. 하지만 시간이 지나며 원의 옷과 머리 모양이 고려에서도 유행하기 시작했지요. 이렇게 고려에 퍼진 원의 풍습을 '몽골풍'이라고 해요.

대표적인 몽골풍은 원 사람들의 머리 모양인 '변발'이었어요. 말꼬리처럼 한 갈래를 남기고 밀어버린 머리 모양이 특징이었지요. 여자들은 머리에 족두리를 쓰고 볼에 연지를 찍는 것이 유행했어요. 옷고름에 달았던 은장도도 몽골풍의 하나였지요.

연지 곤지를 붙이니 정말 새색시 같네!

머리 모양과 옷차림, 장신구에 이어 원의 음식도 고려에서 인기를 얻었어요. 요즘 사람들도 즐겨 먹는 만두와 순대, 설렁탕 등이 바로 고려 시대에 원에서 전해진 것들이에요. 역사 드라마에서 많이 들을 수 있는 마마, 수라, 무수리 등의 말도 원에서 전해졌지요.

고려에 원의 풍습이 전해졌듯이 고려의 풍습도 원에 전해졌어요. 원으로 잡혀간 고려 사람들이 고려의 옷, 떡과 쌈 등의 음식, 음악 등을 전하면서 자연스럽게 원에서 유행하게 된 거예요. 이것을 '고려양'이라고 해요.

"이게 바로 고려에서 많이 먹는 떡이라는 음식이오."

"쫄깃쫄깃하니 참 맛있네요."

몽골풍과 고려양이 유행하며 사람들은 자연스럽게 서로의 문화를 받아들였어요. 그러나 일부 고려 사람들은 몽골풍의 유행이 고려의 전통을 파괴할까 봐 크게 걱정하기도 했지요.

연지 여자가 화장할 때 입술이나 뺨에 찍은 붉은 색 물감.
은장도 은으로 만든 칼.
마마 임금을 높여 부르는 말.
수라 임금의 식사.
무수리 궁궐에서 일하는 궁녀.

반짝퀴즈 Q2

원에 전해진 고려의 풍습을 □□□(이)라고 한다.

□ □ □

이것이 고려에서 많이 먹는 떡이라는군.

어머, 정말 맛있네요!

⭐ 고려의 대외 관계

- 고려는 여러 나라 중 송과 가장 활발하게 교류했다.
- 고려는 송에 나전 칠기, 고려청자, 인삼, 종이 등을 수출하고 비단, 자기, 약재 등을 수입했다.
- 고려는 아라비아, 여진, 거란, 일본과도 교류하며 다양한 물건을 사고팔았다.
- 변발, 족두리, 연지, 만두, 설렁탕 등 고려에서 유행한 원의 풍습을 몽골풍이라고 한다.
- 옷, 떡과 쌈, 음악 등 원에 전해진 고려의 풍습을 고려양이라고 한다.

1 다음은 고려가 ⑺ 나라와 교류를 통해 주고받았던 물건들입니다. ⑺에 알맞은 나라는 어디입니까? (   )

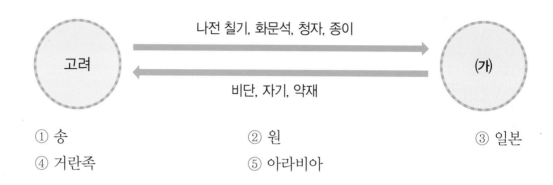

① 송
② 원
③ 일본
④ 거란족
⑤ 아라비아

2 다음 중 고려에서 유행한 '몽골풍'이 <u>아닌</u> 것은 어느 것입니까? (   )

① 족두리와 연지

② 설렁탕

③ 만두

④ 떡과 쌈

⑤ 변발

3 다음 ㈎의 상품은 무엇입니까? (   )

4주 2일
학습 끝!

붙임 딱지 붙여요.

① 인삼   ② 고추   ③ 만두   ④ 사과   ⑤ 고구마

카드 세계사

중세 유럽, 도시가 성장하다

여러 나라 상인이 오가며 국제도시로 성장한 벽란도와 개경처럼 중세 유럽에서도 무역을 통해 도시가 성장했어요. 이탈리아의 베네치아 · 피렌체 · 밀라노, 독일의 함부르크 · 쾰른, 영국의 옥스퍼드 같은 도시들이 바로 이렇게 성장한 도시들이지요. 특히 이탈리아의 베네치아는 동방 무역이 활발해지면서 인구가 10만 명에 이를 정도로 큰 도시가 되었다고 해요.

동방 무역 동양과 서양 사이에 이루어진 무역.

최무선과 문익점은 무슨 일을 했나요?

최무선의 진포 대첩

최무선은 자신이 개발한 화약 무기로 왜구를 물리치기 위해 전쟁에 나섰어요. 크고 작은 배를 이끌고 고려의 해안가에 나타난 왜구는 멀리서 날아오는 화약 무기의 공격에 크게 당하고 말았지요. 이 싸움을 진포 대첩이라고 하는데, 당시 최무선이 무찌른 배의 수가 무려 500여 척에 달한다고 해요.

왜구 13세기부터 16세기까지 우리나라를 무대로 도적질을 일삼던 일본 해적.

최무선, 화약 무기를 연구하다

"아이고, 지긋지긋한 왜구들!"

"예전에는 어쩌다 한 번 쳐들어오더니 이제 수시로 오는군."

"왜구의 침입 때문에 살기가 너무 힘들어."

고려 말, 백성은 왜구의 침입으로 몸살을 앓았어요. 침략 횟수를 헤아려 보면 일 년에 평균 10번 넘게 쳐들어왔지요. 왜구로 인한 백성의 피해가 커지자 고려는 적극적으로 왜구에 맞서 싸우기로 했어요. 최영은 충청도를 공격한 왜구를 물리쳤고, 이성계도 황산 대첩에서 왜구를 상대로 큰 승리를 거뒀지요. 그리고 또 한 사람, 왜구를 물리치기 위해 노력한 인물이 있었는데 바로 최무선이에요.

왜구의 잦은 침입을 지켜보던 최무선은 너무 안타까웠어요.

'강력한 무기가 있다면 왜구가 쉽게 공격해 오지 못할 텐데.'

왜구로부터 백성을 지키고 싶던 최무선은 중국에서 발명되었다는 화약을 연구하기로 했어요.

화포

'화약 무기가 있으면 왜구의 침입을 막아 낼 수 있을 거야.'

화약은 전쟁에서 아주 큰 힘을 발휘하는 무기였어요. 칼과 창처럼 가까이서 싸우지 않아도 멀리서 화포와 불화살을 이용해 적을 공격할 수 있기 때문이에요. 최무선은 연구와 실험을 거듭하여 마침내 화약을 만드는 데 성공했어요. 그 결과 고려에도 화약 무기가 만들어지게 되었지요.

최무선은 여기에서 멈추지 않고 화약 무기를 만드는 데 필요한 관청인 '화통도감'을 만들 것을 나라에 건의했어요. 이렇게 설치된 화통도감에서는 각종 화포와 주화 등 화약 무기를 만들어 고려의 군사력을 높이는 데 도움을 주었지요. 최무선은 이렇게 만든 화약 무기를 가지고 진포에서 직접 왜구를 물리치기도 했어요.

건의하다 개인이나 단체가 의견이나 희망을 내놓다.
화포 화약의 힘으로 탄환을 내쏘는 대형 무기.
주화 고려 말 최무선이 만든 우리나라 최초의 로켓형 무기.

Q1

반짝퀴즈

고려 말 □□□은/는 화약을 개발하는 데 성공했다.

목화로 옷감 짜기
① 씨아를 이용해 목화의 씨와 솜을 분리한다.
② 솜활을 솜 위에 놓고 당겼다가 놓으며 솜을 부드럽게 한 후 고치에 감아 준다.
③ 물레를 이용해 고치에서 실을 뽑는다.
④ 실에 빳빳하게 풀을 먹인 후 감아 준다.
⑤ 베틀에 걸고 천을 짠다.

물레

베틀

문익점, 목화 재배에 성공하다

최무선이 화약을 개발하여 고려의 군사력을 높였다면 문익점은 목화를 재배하는 데 성공하여 백성의 삶에 큰 도움을 주었어요.

목화를 재배하기 전 백성은 삼베와 모시로 옷을 해 입었어요. 까끌거리는 촉감에 구멍이 많은 삼베와 모시는 더위를 피하기에 좋았지만 차가운 겨울바람을 막아 주지는 못했지요. 따라서 겨울만 되면 추위를 견디느라 백성의 생활이 더욱 힘들어졌어요.

고려 시대에 원에 사신으로 간 문익점은 솜옷을 입은 원 사람들을 유심히 보고 목화씨 십여 개를 붓뚜껑에 숨겨 고려로 돌아왔어요. 당시 원은 목화를 밖으로 가지고 나가는 것을 엄격하게 금지하고 있었어요. 따라서 목화를 가지고 나오는 일은 무척 어려운 일이었지요.

고려에 돌아온 문익점은 고향에 있는 장인을 찾아갔어요.

"장인어른, 이 목화를 고려에서 한번 길러 보고 싶습니다."

"원에서 기르던 것이 고려에서도 잘 클지 모르겠군. 어디 한번 잘 길러 보세."

목화는 재배하기가 까다로워 처음에는 농사가 잘되지 않았어요. 하지만 정성을 기울이다 보니 나중에는 아주 잘되었어요. 그러나 아직도 큰일이 남아 있었어요.

"힘들게 얻은 목화에서 어떻게 실을 뽑아내지요?"

"걱정 말게. 원나라에서 온 승려에게 가르쳐 달라고 해 보겠네."

문익점은 원 승려의 도움으로 마침내 목화에서 실을 뽑아내 옷감을 짜는 기술을 알아냈어요. 드디어 원에서 보았던 솜옷을 만들 수 있게 된 거예요.

문익점은 사람들에게 목화씨를 나눠 주고 농사를 짓게 했어요. 목화에서 실을 뽑아내고, 뽑아낸 실로 옷감을 짜는 기술도 알려 주었지요. 사람들은 새롭게 얻은 솜옷의 따뜻함에 감동했어요. 얼마 후에는 무명과 무명 사이에 목화솜을 넣어 따뜻한 이불도 만들어 사용했어요. 이제 고려 사람들은 더 이상 겨울에 추위를 걱정하지 않게 되었어요.

무명 목화솜에서 실을 뽑아 만든 옷감.

Q2
반짝퀴즈

문익점이 □□의 재배에 성공하며 고려 사람들은 따뜻한 겨울을 보낼 수 있게 되었다.

☆ **화약 개발과 목화 재배**

• 고려 말 최무선이 화약 개발에 성공하며 고려의 군사력이 크게 향상되었다.

• 최무선은 화약 무기 만드는 것을 담당하는 화통도감의 설치를 건의했다.

• 원에 사신으로 갔던 문익점은 목화씨를 가지고 고려에 돌아와 재배에 성공했다.

• 목화 재배의 성공으로 고려 사람들은 솜옷, 솜이불 등을 만들어 따뜻한 겨울을 보낼 수 있게 되었다.

1 다음 중 최무선과 관련된 그림을 <u>모두</u> 골라 기호를 쓰세요. (   )

2 다음 목화 재배의 성공이 고려에 가져온 변화로 알맞은 것은 어느 것입니까? (   )

① 원과 친하게 지내게 되었다.
② 왜구를 물리칠 수 있게 되었다.
③ 사람들이 굶주리지 않게 되었다.
④ 따뜻한 겨울을 보낼 수 있게 되었다.
⑤ 시원한 여름을 보낼 수 있게 되었다.

3 다음 ㈎에 들어갈 인물은 누구입니까? (   )

이게 다 목화씨를 가져온 ㈎ 덕분이지.

① 최무선　　② 이순신　　③ 장영실　　④ 문익점　　⑤ 세종 대왕

4주 3일
학습 끝!

붙임 딱지 붙여요.

카드 세계사

유럽, 십자군 전쟁이 일어나다

프란시스코 오티스, 「그라나다의 항복」

화약의 발명과 목화 재배의 성공이 고려 시대의 중요한 사건이었다면 중세 유럽에서 중요한 사건은 십자군 전쟁이었어요. 당시 유럽인들은 크리스트교의 성지인 예루살렘을 다녀오는 것이 유행이었어요. 그러나 예루살렘을 차지하고 있던 셀주크 튀르크가 이를 방해하자, 교황은 예루살렘을 되찾겠다며 전쟁을 벌였어요. 이것이 바로 십자군 전쟁이에요. 이 전쟁으로 엄청나게 많은 사람이 죽거나 다쳤어요.

성지 聖(성인 성)과 地(땅 지)가 합쳐진 말로, 종교에서 신성하게 여기는 장소를 뜻함.

고려 시대에 인쇄술은 어떻게 발전했나요?

공부한 날짜: 월 일

최초의 금속 활자 인쇄본, 『상정고금예문』

『상정고금예문』은 옛날 고려와 당의 예의에 관한 내용을 모아 엮은 책이에요. 고려 고종 때 학자들이 왕의 명을 받아 만들었지요. 우리나라에서 금속 활자를 이용하여 찍어 낸 최초의 책인 『상정고금예문』은 독일 구텐베르크의 것보다 약 200년이나 앞서 만들어진 것으로 알려져 있어요. 하지만 아쉽게도 오늘날 이 책은 전해지지 않아요. 그래서 현재 남아 있는 가장 오래된 금속 활자 인쇄본은 『직지심체요절』이 되었지요.

보충하다 부족한 것을 보태어 채우다.
완성도 어떤 일이나 예술 작품 등이 완성된 정도.
등재되다 일정한 내용이 책이나 대장에 실리다.

인쇄술이 발전하다

불교를 믿었던 고려 사람들은 불교 경전을 즐겨 읽었어요. 불교 경전을 찾는 사람이 늘어나면서 목판 인쇄 기술도 자연스럽게 발전하게 되었지요.

고려 시대에 처음으로 나무에 새긴 불교 경전인 '초조대장경'이 만들어진 후 승려 의천은 초조대장경의 부족한 점을 보충하여 '속장경'을 만들었어요. 그러나 이것은 몽골군의 침입 때 불 타 없어졌지요.

몽골군의 침입 이후 고려는 백성의 마음을 모으고 불교의 힘으로 나라를 지키기 위해 다시 한 번 나무에 불교 경전을 새겼어요. 이것이 바로 '팔만대장경'이에요. 약 16년에 걸쳐 만들어진 팔만대장경은 목판을 모두 쌓아 올린 높이가 백두산을 뛰어넘을 정도예요. 하지만 더 놀라운 것은 그 많은 목판에 새겨진 글자 중 틀린 글자가 거의 없을 정도로 완성도가 높다는 것이지요. 팔만대장경은 그 우수성을 인정받아 유네스코 세계 기록 유산으로 등재되었어요.

목판 인쇄술의 발전은 이후 세계 최초의 금속 활자 발명으로 이어지게 돼요. 하나의 나무 판에 글을 새겨서 찍어내는 것은 많은 책을 인쇄할 때는 편리하지만 여러 종류의 책을 만들 때는 불편했어요. 책을 만들 때마

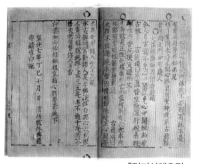

『직지심체요절』

금속 활자 네모 기둥 모양의 금속 윗면에 문자나 기호를 볼록 튀어나오게 새긴 것. 인쇄하는 데 쓰임.
조합하다 여럿을 한데 모아 한 덩어리로 짜다.

다 다른 내용을 나무 판에 다시 새겨야 하기 때문이에요. 그래서 고려 사람들은 글자를 하나하나 판으로 만들어 두었다가 조합해서 인쇄하는 활자 인쇄술을 생각해 내게 되었지요. 그리고 활자는 나무보다 튼튼한 금속으로 만들었어요.

현재 남아 있는 가장 오래된 금속 활자 인쇄본은 청주 흥덕사에서 만든 『직지심체요절』이에요. 『직지심체요절』역시 그 중요성을 인정받아 유네스코 세계 문화유산으로 지정되었어요.

✦✧ 반짝퀴즈　Q1

『직지심체요절』은 현재 남아 있는 가장 오래된 □□ 활자 인쇄본이다.

☐ ☐

최고의 기술로 책을 만들다

고려 시대에는 인쇄술의 발전과 함께 종이를 만드는 기술과 금속을 다루는 기술도 발전했어요.

처음에 종이를 만드는 기술은 중국에서 들어왔어요. 고려는 이것을 더욱 발전시켜 우수한 품질의 종이를 만들어 냈지요. 고려는 종이를 만드는 관청을 따로 두고 제작했어요. '고려지'라고 불리는 고려의 종이는 질기고, 색이 희며 앞면과 뒷면이 모두 반질반질하여 글을 쓰거나 인쇄하기 좋았어요. 책을 만든 후에도 보존이 잘 되었지요.

인쇄할 때 쓰이는 먹의 품질도 우수하여 다른 나라에서도 고려의 종이와 먹을 최고라며 인정했어요. 송 역시 마찬가지였어요.

"나는 송나라 사람이지만 최고의 종이는 고려지라고 생각해요."

"맞아요. 고려지는 글씨도 잘 써지고, 인쇄도 잘 되지요."

우수한 인쇄술과 종이로 고려는 일찍부터 많은 역사책을 만들었어요. 건국 초기부터 고려의 역사를 기록했던 『고려실록』도 그중 하나이지요. 안타깝게도 이 책은 현재 전해지지 않아요.

오늘날까지 남아 있는 대표적인 고려 시대의 역사책은 김부식이 쓴 『삼국사기』예요. 『삼국사기』는 전해오는 역사책 가운데 가장 오래된 것이기도 해요. 그 밖에 이규보의 『동명왕편』, 이승휴의 『제왕운기』, 일연의 『삼국유사』 등의 역사책이 고려 시대에 만들어졌어요.

이규보의 『동명왕편』은 고구려를 세운 주몽의 업적을 담은 책으로, 고구려를 계승하는 정신을 담고 있어요. 이승휴의 『제왕운기』는 중국의 역사와 우리의 역사를 대등하게 다루어 자주성을 보여 주고 있어요. 단군이 처음으로 고조선을 세운 내용을 담은 일연의 『삼국유사』는 사람들 사이에 전해 오는 옛이야기들을 기록하기도 했어요. 『삼국유사』를 통해 오랜 역사를 지닌 우리 민족에 대한 자부심을 기르고 우리나라 고유의 문화와 전통에 대해 이해할 수 있지요.

이렇게 만들어진 여러 가지 책들은 훗날 사람들이 역사를 거울삼아 더 나은 삶을 살아가는 데에 도움을 주었어요.

보존 잘 보호하여 남김.
업적 어떤 일에서 그 사람이 세운 높은 실적.
대등하다 서로 견주어 높고 낮음이 없이 비슷하다.
자주성 다른 사람의 간섭이나 보호를 받지 않고 스스로 일을 처리하는 능력이나 성질.

Q2
반짝퀴즈

일연은 단군 신화와 전해 오는 옛이야기를 담아 역사책인 『□□□□』을/를 썼다.

☆ **인쇄술의 발달과 역사책의 편찬**
- 고려 시대에는 초조대장경, 속장경, 팔만대장경 등 목판 인쇄 기술이 발전했다.
- 『상정고금예문』은 고려 시대에 만들어진 최초의 금속 활자 인쇄본으로, 현재 전해지지 않는다.
- 『직지심체요절』은 현재까지 전해지는 가장 오래된 금속 활자 인쇄본이다.
- 고려 시대에는 종이를 만드는 기술이 발달하여 송과 여러 나라에서 인정을 받았다.
- 고려 시대에는 『삼국사기』, 『동명왕편』, 『제왕운기』, 『삼국유사』 등 다양한 역사책이 만들어졌다.

1 다음 선생님의 질문에 <u>잘못</u> 대답한 친구를 골라 ○표 하세요.

고려 시대에 인쇄술이 발달했다는 사실을 어떻게 알 수 있나요?

(1) 독일에 이어 두 번째로 금속 활자 책을 만들었어요. (   )

(2) 목판을 이용해 여러 가지 불교 경전을 만들었어요. (   )

(3) 질 좋은 종이를 이용해 여러 가지 역사책을 만들었어요. (   )

2 다음 역사책을 쓴 사람을 줄로 연결하세요.

(1) 『동명왕편』 •　　　　　　　• ① 일연

(2) 『삼국사기』 •　　　　　　　• ② 김부식

(3) 『삼국유사』 •　　　　　　　• ③ 이규보

(4) 『제왕운기』 •　　　　　　　• ④ 이승휴

3 다음에서 설명하는 문화재는 무엇입니까? (   )

1377년 청주 흥덕사에서 만든 것으로, 현재 남아 있는 금속 활자 인쇄본 중에서 가장 오래되었다. 현재 프랑스 국립 도서관에 보관되어 있다.

① 『주역』   ② 팔만대장경   ③ 『삼강행실도』
④ 『왕오천축국전』   ⑤ 『직지심체요절』

4주 4일
학습 끝!

붙임 딱지 붙여요.

카드 세계사

중국, 활자와 나침반을 발명하다

저쪽이
남쪽이다.!!

활자가 처음 만들어진 곳은 중국이에요. 처음에 중국은 찰흙에 문자를 새긴 후 구워서 활자를 만들고, 이것을 활판에 넣어 인쇄했지요. 고려는 중국으로부터 이 기술을 받아들여 더욱 발전한 형태의 금속 활자를 만들어 냈어요. 한편 중국에서는 활자 말고도 여러 가지 발명품이 만들어졌는데, 방향을 알려 주는 나침반 또한 중국에서 발명된 것이에요.

나침반 자석을 이용하여 방향을 알려 주는 기구.

공부한 날짜: 월   일

고려 시대 불상은 왜 크고 모양이 다양한가요?

⭐
화려해진 석탑
고려 시대의 석탑은 신라의 석탑보다 화려한 모습을 특징으로 해요. 평창 월정사 팔각 구층 석탑은 곡선의 아름다움을 보여 주지요. 원의 영향을 받아 만들어진 개성 경천사지 십층 석탑은 대리석으로 만들어졌는데 목조 건축의 양식이 적용되어 화려한 모습을 가지고 있어요.

평창 월정사 팔각 구층 석탑

온 백성이 불교를 믿다

고려는 불교 국가였어요. 고려를 세운 왕건은 죽기 전에 후손들에게 항상 불교를 믿고 따를 것을 당부했어요. 유언에 따라 고려 시대에는 왕부터 백성에 이르기까지 많은 사람이 불교를 믿었지요.

불교의 발전으로 고려 시대에는 도읍인 개경을 시작으로 전국 곳곳에 수많은 절이 지어졌어요. 어떤 호족은 자신의 집을 절로 만드는 경우도 있었어요. 당시 지어진 대표적인

관촉사 석조 보살 입상

절로는 안동 봉정사 극락전과 영주 부석사 무량수전, 예산 수덕사 대웅전 등이 있어요.

절과 함께 정교한 탑들도 만들어졌어요. 월정사 팔각 구층 석탑과 개성 경천사지 십층 석탑 등이 당시 지어진 탑들이에요.

다양한 모양의 불상들도 만들어졌어요. 고려 시대의 불상은 온화한 미소와 균형감 있는 모습을 가진 삼국 시대의 불상과는 모습이 조금 달랐어요. 투박하고 거대한 몸집에 둥글거나 네모난 모자를 쓴 불상도 있었고, 돌이 아닌 철로 만들어진 불상도 있었지요. 너도나도 절을 세우면서 불상의 모습도, 만드는 재료도 다양해진 거예요. 일부 호족들은 거대한 불상을 만들어 자신의 힘을 과시하는 수단으로 쓰기도 했어요.

고려 시대에는 정교하고 뛰어난 불교문화가 나타나기도 했어요. 대표적인 것이 불교의 내용을 그린 불화예요. 고려 시대 불화는 최고의 종교 예술로 꼽히기도 하는데, 대표적인 것이 바로 「수월관음도」예요. 「수월관음도」는 비단 위에 관음보살의 모습을 그린 그림이에요. 달빛 아래 물가에 앉은 관음보살의 모습이 매우 섬세하고 화려하게 묘사되어 있지요.

투박하다 생김새가 볼품없이 둔하고 튼튼하기만 하다.
과시하다 자랑하여 보이다.
정교하다 솜씨나 기술 등이 정밀하고 교묘하다.
관음보살 세상의 소리를 들어 아는 보살로, 고통받는 사람들을 구원한다고 전해짐.
섬세하다 곱고 가느다랗다.
묘사되다 말로 풀거나 그림으로 그려서 표현되다.

반짝퀴즈   Q1

고려 시대에는 거대한 몸집에 둥글거나 네모난 모자를 쓴 □□이/가 만들어지기도 했다.

「수월관음도」

133

교종과 선종

불교 경전의 가르침을 이해하는 것이 중요하다고 생각한 교종은 경전을 읽고 깨닫는 것에 중점을 두었어요. 그러나 글을 읽지 못하는 일반 평민은 그 내용을 이해하기가 어려웠지요.

반면 선종에서는 인간은 누구나 부처가 될 수 있는 존재라고 보고, 경전 등을 통한 공부보다 스스로 마음을 갈고 닦으며 착한 일을 하는 것이 더 중요하다고 생각했어요.

수행 행실, 학문 등을 닦음.
천태종 교종을 중심으로 선종을 통합하려 한 불교 종파.

불교가 생활에 영향을 미치다

불교가 발전하면서 불교로 인한 갈등이 생기기도 했어요. 불교의 계통인 교종과 선종이 서로의 주장이 옳다며 다투기 시작한 거예요. 이때 의천이 다툼을 해결하려고 나섰어요. 고려 제11대 왕 문종의 아들인 의천은 송에서 불교를 공부하고 돌아와 승려가 된 사람이었어요.

대각국사 의천

"교종을 믿는 사람은 불교 경전만 중요하다고 하고, 선종을 믿는 사람은 개인의 수행만 중요하다고 하니 어쩌면 좋습니까?"

"교종과 선종을 따지기보다 마음을 모으는 것이 더욱 중요하다."

의천은 교종과 선종의 다툼을 해결하기 위해서 천태종을 주장했어요. 천태종은 경전을 통한 지식과 배운 내용을 실천으로 옮기는 것 모두를 중요하게 생각했지요.

134

한편 의천은 속장경을 간행하고 해동통보를 발행하는 데에도 영향을 주었어요. 의천을 비롯한 고려 승려들의 활발한 활동은 불교가 발전하고 사람들이 깨달음을 얻는 데 큰 영향을 주었지요.

일상생활에도 불교는 많은 영향을 미쳤어요. 불교의 가르침에 따라 생활 모습이 달라진 거예요. 불교에서는 살아 있는 생명을 함부로 죽이지 말라고 가르쳐요. 이 가르침에 따라 고려 사람들은 육식을 멀리하고 채소를 즐겨 먹는 생활을 주로 했어요. 누구나 먹을 수 있을 만큼 고기가 넉넉하지도 않았지만 무엇보다 불교의 가르침을 일상생활 속에서 실천하고자 하는 마음이 나타난 것이었지요. 더불어 차 마시기도 즐겼어요. 귀족들은 고려청자로 만든 아름다운 찻잔에 차를 마시며 명상을 즐기곤 했어요.

이렇게 고려 시대에는 불교가 생활과 문화 속에 깊숙이 관여했어요. 오늘날에도 이러한 모습이 여러 가지 문화를 통해 전해지고 있답니다.

Q2

반짝퀴즈

승려 의천은 교종과 선종의 다툼을 해결하기 위해 □□□을/를 주장했다.

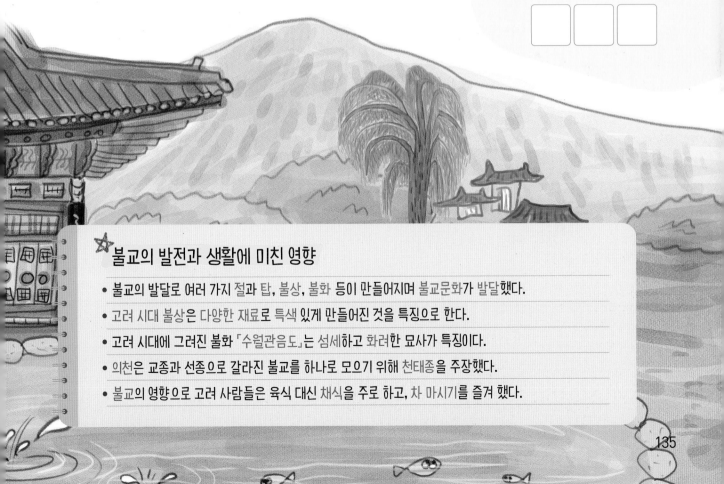

⭐ 불교의 발전과 생활에 미친 영향

- 불교의 발달로 여러 가지 절과 탑, 불상, 불화 등이 만들어지며 불교문화가 발달했다.
- 고려 시대 불상은 다양한 재료로 특색 있게 만들어진 것을 특징으로 한다.
- 고려 시대에 그려진 불화 「수월관음도」는 섬세하고 화려한 묘사가 특징이다.
- 의천은 교종과 선종으로 갈라진 불교를 하나로 모으기 위해 천태종을 주장했다.
- 불교의 영향으로 고려 사람들은 육식 대신 채식을 주로 하고, 차 마시기를 즐겨 했다.

1 다음 친구가 말하는 고려 시대의 문화재를 찾아 ○표 하세요.

> 투박하고 거대한 몸집에 모자를 쓴 모습이 참 독특하네.

(1)

(   )

(2)

(   )

(3)

(   )

2 다음 중 고려 시대에 불교가 사람들의 생활에 끼친 영향으로 알맞지 <u>않은</u> 것은 어느 것입니까? (   )

① 차 마시기를 즐겨 했다.

② 육식 대신 채식을 즐겼다.

③ 절에 가서 바라는 것을 기원하였다.

④ 살아 있는 생명을 함부로 죽이지 않았다.

⑤ 화약과 화포를 이용해서 왜구를 물리쳤다.

3 다음 인물에 대한 설명으로 알맞은 것은 무엇입니까? (   )

대각국사 의천은 불교 통합을 위해 노력했습니다.

4주 5일
학습 끝!

붙임 딱지 붙여요.

① 천태종을 창시했다.

② 서경 천도를 주장했다.

③ 부패한 관리를 몰아냈다.

④ 고려의 제11대 왕이 되었다.

⑤ 군대를 일으켜 몽골을 물리쳤다.

카드 세계사

캄보디아, 앙코르 와트가 세워지다

앙코르 와트(캄보디아)

고려에 불교문화가 꽃핀 12세기 무렵, 캄보디아에는 엄청난 크기의 힌두교 사원이 건설되었어요. 바로 앙코르 와트 사원이에요. 앙코르 왕국의 수리아바르만 2세는 힌두교 신과 하나가 되기 위해 이 사원을 지었다고 해요. 67m나 되는 중앙 탑과 거대한 성벽의 모습은 오늘날 보기에도 놀라울 정도예요. 유럽 사람들은 앙코르 와트를 '동양의 기적'으로 부르기도 했어요.

힌두교 인도에서 발생한 종교로, 여러 신들의 존재를 믿음.

정답 및 풀이

쪽수를 잘 보고 정확한 정답과
자세한 풀이를 만나 보세요.

PART 1 고려의 건국과 기틀 마련

01 왕건은 어떻게 고려를 세웠나요?

반짝퀴즈 13, 15쪽

Q1. 고려 Q2. 후삼국

1. 옛 고구려의 후손이자 신라 말 송악(개성)의 호족이었던 왕건은 원래 후고구려의 왕인 궁예의 부하였습니다. 궁예가 후고구려를 세운 후 난폭해지자 자신을 지지하는 사람들과 함께 고려를 세우고 왕이 되었습니다.
2. 후삼국을 통일한 왕건은 신라와 백제뿐만 아니라 발해 유민까지 받아들이며 진정한 민족의 통합을 이루었습니다.

역사 쏙쏙 16~17쪽

1. 호족 2. ② 3. (다), (라), (가), (나)

1. 견훤과 궁예, 왕건은 모두 신라의 호족 출신입니다. 호족은 신라 말 지방에서 등장한 세력으로, 군사력과 경제력을 바탕으로 힘을 키웠습니다.
2. 왕건은 고려를 세우고 후삼국을 통일했습니다.
   ③ 고려를 세운 왕건은 도읍을 철원에서 송악으로 옮겼습니다. ④는 견훤, ⑤는 궁예에 대한 설명입니다.
3. (다) 왕건이 궁예를 몰아내고 고려를 건국한 후 (라) 신라의 경순왕은 고려에 항복했습니다. 이후 왕건은 (가) 신검이 이끄는 후백제군을 물리치고 (나) 후삼국을 통일했습니다.

02 왕건은 건국 초 어떻게 나라를 안정시켰나요?

반짝퀴즈 19, 21쪽

Q1. 사심관 Q2. 북진

1. 왕건은 지역을 다스리는 호족을 사심관에 임명하여 호족들이 왕의 신하로서 일하게 했습니다.
2. 북쪽으로 진출하기 위해 나라에서 펼친 정책을 북진 정책이라고 합니다. 고려 초기에 왕건은 북진 정책을 추진하여 청천강 유역까지 영토를 넓혔습니다.

역사 쏙쏙 22~23쪽

1. (1) ② (2) ① 2. ⑤ 3. ①

1. 기인 제도와 사심관 제도는 모두 왕건이 호족의 힘을 견제하기 위해 실시했던 제도들입니다.
2. 태조 왕건은 자신이 죽고 난 후 나라가 어지러워질 것을 염려하여 후손들에게 〈훈요 10조〉를 남겼습니다.
3. 왕건은 옛 고구려의 도읍인 서경을 중심으로 북진 정책을 추진했습니다.

03 광종은 어떻게 나라를 다스렸나요?

반짝퀴즈 25, 27쪽

Q1. 광종 Q2. 전시과

1. 고려 광종 때 노비안검법과 과거 제도를 실시하자 호족의 세력은 약해지고 왕의 힘은 강해졌습니다.
2. 전시과의 실시를 통해 나라에서는 세금과 관리들에게 주는 관직을 동시에 관리할 수 있었습니다.

1. (1) ○ 2. ② 3. ④

1. 광종 때 실시한 노비안검법으로 노비를 잃은 호족의 세력이 약해지고, 풀려난 노비들이 낸 세금으로 나라 살림이 넉넉해졌습니다.
   (2)는 전시과에 대한 설명입니다.
2. 제시된 제도들은 고려 광종과 경종 때 실시된 제도들입니다. 이러한 제도들은 호족의 힘을 약하게 하고, 왕권을 강화하는 데 도움을 주었습니다.
3. 광종 때 실시한 과거 제도로 인해 실력 있는 관리를 뽑는 것이 가능해졌고, 호족들의 힘이 약해졌습니다.

04 신분에 따른 생활 모습은 어떻게 달랐나요?

Q1. 노비 Q2. 제사

1. 고려 시대에 노비는 천민에 속했는데, 천민은 가장 낮은 신분이었습니다.
2. 고려 시대에는 부모의 제사를 아들과 딸이 번갈아 지냈습니다.

1. ②, ④ 2. (3) ○ 3. ⑤

1. 고려 시대에 천민에는 노비와 무당, 악공, 광대 등이 속했는데, 큰 사건이 없는 한 바뀌는 일이 거의 없었습니다.
2. 고려 시대에는 아들과 딸에 대한 차별이 없어 돌아가며 부모의 제사를 지냈습니다.
3. 궁궐에서 일하거나 지방에서 일해 온 향리, 중앙 관청에서 일하는 사람 등은 모두 중류층에 속했습니다.

05 고려 시대에 유교는 어떻게 발전했나요?

Q1. 유교 Q2. 상평창

1. 〈시무 28조〉는 왕이 지금 해야 할 28가지 일을 정리하여 최승로가 올린 글입니다. 이 글에서 최승로는 유교에 따라 나라를 다스릴 것을 건의했습니다.
2. 상평창은 큰 도시에 곡식을 저장해 두었다가 흉년이 들면 이를 풀어 쌀값이 오르지 못하게 하는 역할을 했습니다.

1. 최승로 2. ⑤ 3. ④

1. 제시된 내용은 고려 성종 때 최승로가 올린 〈시무 28조〉라는 상소문의 일부입니다.
2. 유교의 가르침에 따라 백성을 보살피는 일에 관심을 기울인 성종은 의창과 상평창을 설치하여 백성의 생활을 안정시키려고 했습니다. 의창은 빈민 구제, 상평창은 물가 조절과 같은 역할을 담당했습니다.
3. 제시된 내용은 모두 고려 성종 때 있었던 일들입니다. 성종은 유교를 정치 이념으로 삼고 이를 바탕으로 통치 체제를 정비하려고 했습니다.

PART 2 고려의 문화와 사회적 변동

06 불교는 고려 사람들의 생활에 어떤 영향을 끼쳤나요?

반짝퀴즈 45, 47쪽

Q1. 불교 Q2. 장생표

1. 연등회와 팔관회는 고려의 대표적인 불교 행사입니다.
2. 활발한 경제 활동으로 많은 재산을 가지게 되자, 절에서는 자신들이 가진 넓은 땅을 표시하기 위해 비석을 세우기도 했는데, 이것이 바로 장생표입니다.

역사 쏙쏙 48~49쪽

1. (1) ② (2) ① 2. ③ 3. ④

1. 고려 시대에 연등회는 매년 봄에, 팔관회는 10~11월경에 열렸습니다.
2. 장생표는 절의 땅이 어디까지인지 표시하기 위해 세운 비석입니다. 장생표를 통해 고려 시대에 절이 넓은 땅과 많은 재산을 가졌다는 사실을 알 수 있습니다.
3. 팔관회가 열리면 사람들은 부처님을 비롯해 태조 왕건, 하늘 신, 산신, 용신 등에게 제사를 지냈습니다.

07 문벌 귀족은 누구인가요?

반짝퀴즈 51, 53쪽

Q1. 문벌 귀족 Q2. 묘청

1. 고려 시대에 대대로 귀족의 지위를 이어 가며 큰 부와 혜택을 누리던 사람들을 문벌 귀족이라고 합니다.
2. 이자겸의 난으로 궁궐이 불타고 나라가 혼란스럽자

묘청은 도읍을 서경으로 옮길 것을 주장했습니다. 그러나 이것이 받아들여지지 않자 난을 일으켰습니다.

역사 쏙쏙 54~55쪽

1. ① 2. 이자겸 3. ①

1. 고려 시대에 문벌 귀족은 음서와 공음전을 통해 자신들의 힘을 유지할 수 있었습니다.
2. 문벌 귀족 이자겸은 왕이 되기 위해 난을 일으켰으나 부하인 척준경의 배신으로 실패했습니다.
3. 묘청은 어지러워진 나라를 안정시키고자 도읍을 서경으로 옮기자고 주장했습니다. 그러나 이것이 받아들여지지 않자 난을 일으켰습니다.

08 귀족의 문화는 어떤 모습이었나요?

반짝퀴즈 57, 59쪽

Q1. 귀족 Q2. 상감

1. 고려 시대에는 비단, 금속 공예품, 고려청자, 나전 칠기 등 귀족 문화가 발달했습니다.
2. 상감은 도자기 표면에 학이나 구름 등의 무늬를 새기고 그 자리에 붉은색, 하얀색 등 다른 색의 흙을 메운 후 유약을 발라 굽는 도자기 만드는 기법입니다.

역사 쏙쏙 60~61쪽

1. 고려청자 2. (1) ○ 3. ④

1. 제시된 사진은 고려청자의 모습입니다. 고려청자는 영롱한 푸른빛이 특징입니다.

2. ⑴은 고려 시대에 귀족들이 즐겨 사용하던 비단과 관련된 설명입니다.
3. 나전 칠기는 고려청자와 함께 대표적인 고려 귀족 문화입니다. 고려는 나전 칠기 만드는 기술도 매우 뛰어났습니다.

09 무신 정변은 어떻게 일어났나요?

반짝퀴즈 63, 65쪽

Q1. 무신 Q2. 무신 정권

1. 무신 정변은 무신들이 난을 일으켜 나라의 권력을 차지한 사건으로, 고려 시대에 오랫동안 이어진 무신과 문신의 차별 대우가 원인이 되어 일어났습니다.
2. 무신 정변 후 무신 정권은 정중부→경대승→이의민→최충헌 등이 그 권력을 이어받으며 계속되었습니다.

역사 쏙쏙 66~67쪽

1. ① 2. 교정도감 3. ④

1. 제시된 그림은 무신 정변을 나타낸 것입니다. 1170년, 오랜 차별을 견디다 못한 무신들이 난을 일으킨 후 정권을 잡았습니다.
2. 권력을 차지한 무신들은 자신의 권력을 지키기 위해 필요한 기구를 만들었습니다. 최충헌 역시 교정도감을 만들어 자신을 반대하는 세력을 감시했습니다.
3. 천민 출신인 이의민이 권력을 잡자 백성은 세상이 달라지지 않을까 기대했습니다. 그러나 이의민 역시 권력을 얻은 후 백성을 힘들게 했습니다.

10 무신 정권 시기 백성은 왜 난을 일으켰나요?

반짝퀴즈 69, 71쪽

Q1. 명학소 Q2. 최충헌

1. 조위총의 난 이후 여러 지역에서 난이 이어졌습니다. 망이·망소이의 난도 그중 하나였습니다.
2. 최충헌의 노비였던 만적은 최초의 신분 해방 운동을 벌이며 난을 계획했습니다. 그러나 계획이 최충헌의 귀에 들어가게 되어 난은 실패로 끝났습니다.

역사 쏙쏙 72~73쪽

1. ⑶ ○ 2. 만적 3. ②

1. 무신 정권기에 향·소·부곡에 대한 차별을 견디다 못한 사람들이 난을 일으켰는데, 망이·망소이의 난은 명학소에 대한 차별이 원인이 되어 일어났습니다.
2. 최초의 신분 해방 운동을 벌인 만적은 태어날 때부터 왕과 장군이 될 사람이 따로 정해진 것이 아니라고 주장했습니다.
3. 지도에 나타난 사건들은 모두 무신 정권 시기에 고통받던 농민과 천민이 일으킨 난들입니다.

PART 3 외적의 침입과 고려의 대응

11 고려는 어떻게 거란의 침입을 막아 냈나요?

반짝퀴즈 77, 79쪽

Q1. 서희 Q2. 귀주

1. 993년 거란의 장수 소손녕이 군대를 이끌고 고려를 쳐들어오자 고려의 관리인 서희가 말로써 거란군을 물러나게 했습니다.
2. 강감찬은 귀주 대첩에서 큰 승리를 거뒀습니다.

역사쓱쓱 80~81쪽

1. ⑤ 2. ⑴ ○ 3. ④

1. 거란이 처음 쳐들어왔을 때 서희는 말로써 거란군을 물러나게 했습니다. 이후 고려는 여진족을 몰아내고 강동 6주를 얻음으로써 영토를 넓혔습니다.
2. ⑵ 강감찬이 거란의 3차 침입을 막아 냈고, ⑶ 거란은 고려가 송과의 관계를 끊을 것을 요구했습니다. ⑷ 고려는 거란의 3차 침입 때 크게 승리했습니다.
3. 제시된 내용은 강감찬에 대한 것으로, 강감찬은 귀주 대첩에서 거란군을 크게 물리쳤습니다.

12 윤관은 왜 별무반을 만들었나요?

반짝퀴즈 83, 85쪽

Q1. 별무반 Q2. 여진족

1. 11세기 말, 여진족은 힘이 점차 세지자 고려의 국경을 넘보기 시작했고 이에 윤관은 특수 부대인 별무반을 만들었습니다.
2. 여진족은 금을 세운 후 고려에게 신하의 나라가 되어 자기 나라를 섬기라고 했습니다.

역사쓱쓱 86~87쪽

1. ⑤ 2. ⑴ ② ⑵ ① ⑶ ③ 3. ③

1. 10세기 무렵부터 말갈족은 여진족으로 불리기 시작했습니다. 11세기경 세력이 커지자 여진족은 고려의 땅을 넘보았습니다.
2. 특수 부대인 별무반은 말을 타고 공격하는 신기군, 걸어다니며 공격하는 신보군, 그리고 승려로 이루어진 항마군으로 구성되었습니다.
3. 윤관의 건의로 고려의 특수 부대 별무반이 설치되었습니다.

13 몽골과의 전쟁은 얼마나 오래 이어졌나요?

반짝퀴즈 89, 91쪽

Q1. 몽골 Q2. 강화도

1. 몽골 사신 저고여가 고려에서 자기네 나라로 돌아가던 길에 죽자 몽골은 이에 대한 책임을 물으며 고려를 쳐들어왔습니다.
2. 고려 조정이 강화도로 도읍을 옮긴 후에도 몽골군은 고려를 공격했고 이를 견디다 못한 고려 조정은 결국 다시 개경으로 돌아왔습니다.

새겨 완성되었습니다.

3. 고려 조정이 개경으로 돌아간 후에도 삼별초는 강화 도→진도→제주도로 옮겨 가며 고려 조정과 몽골군에 맞서 싸웠습니다.

1. ④ 2. ⑤ 3. ③

1. 공물을 요구하러 왔던 몽골의 사신이 고려에서 죽자 고려와 몽골의 전쟁이 시작되었습니다.
2. 몽골족은 중앙아시아 초원에서 말을 타고 살던 민족 입니다. 육지에서 말을 타고 싸우는 데는 뛰어났지만 바다에서 하는 전쟁에 약하다는 약점이 있었습니다. 이것을 안 고려 조정은 더 효과적으로 몽골군을 막아 내기 위해 강화도로 도읍을 옮겼습니다.
3. ㈔ 몽골군이 쳐들어오자 고려의 김경손과 박서는 몽 골군에 맞서 용감하게 싸웠습니다. ㈐ 그러나 몽골의 공격이 점점 거세지자 고려는 도읍을 강화도로 옮기 게 되었고, ㈎ 이후 전쟁을 멈추는 조건으로 고려 조 정이 다시 개경으로 돌아오며 몽골의 침략이 끝났습니 다.

14 고려는 어떻게 몽골에 맞서 싸웠나요?

Q1. 대장경 Q2. 삼별초

1. 16년에 걸쳐 만들어진 약 8만 장의 팔만대장경에는 외 적의 침입으로부터 나라를 지키고자 했던 고려인의 마음이 담겨 있습니다.
2. 원래 무신 집권기에 최우가 만들었던 특별 부대였던 삼별초는 한때 몽골에서 도망쳐 온 사람들이 합류하 며 고려 왕실을 위협할 정도로 세력이 커졌습니다.

1. ④ 2. 팔만대장경 3. ⑤

1. 제시된 내용은 고려 시대에 처인성과 충주성에서 몽 골군의 침입을 막아 낸 김윤후에 대한 것입니다.
2. 팔만대장경은 16년 동안 약 8만 장의 목판에 불경을

15 공민왕은 어떻게 고려를 개혁했나요?

Q1. 권문세족 Q2. 공민왕

1. 원 간섭기에 고려의 새로운 지배 세력이 된 권문세족 은 부정부패를 일삼으며 백성을 괴롭혔습니다.
2. 공민왕은 원의 간섭에서 벗어나기 위해 몽골식 풍습 을 금지하고 정동행성을 없앴습니다. 또한 원에 빼앗 긴 고려의 땅을 되찾고 전민변정도감을 설치해 억울 하게 빼앗긴 백성의 땅을 되찾아 주기도 했습니다.

1. (1) ○ (2) ○ (3) ○ 2. ③ 3. ①

1. 원 간섭기에는 원의 풍습이 고려에서 유행하기도 했 는데, 머리 모양이 대표적이었습니다. 이 시기에 왕이 된 공민왕은 몽골식 머리 모양을 금지했습니다.
2. 제시된 지도는 공민왕 때 고려가 원에게 되찾은 땅을 표시한 내용입니다.
3. 공민왕의 명을 받은 신돈은 전민변정도감을 설치하여 억울하게 빼앗긴 백성의 땅을 찾아 주었습니다.

PART 4 고려의 대외 관계와 기술의 발달

16 고려는 다른 나라와 어떻게 교류했나요?

반짝퀴즈 109, 111쪽

> Q1. 벽란도   Q2. 개경

1. 벽란도를 오가는 외국 상인들과의 활발한 교류를 통해 고려는 새로운 문물을 받아들이고 수준 높은 문화를 이룰 수 있었습니다.
2. 개경은 고려가 세워진 후 약 500여 년 동안 고려의 도읍이었습니다.

역사 쏙쏙 112~113쪽

> 1. ⑤ 2. ①, ② 3. ④

1. 고려는 다른 나라와의 활발한 교류를 통해 새로운 문물을 받아들이는 데 적극적이었습니다. 그 결과 수준 높은 문화를 발전시킬 수 있었습니다.
2. 건원중보는 고려 시대에 만들어진 우리나라 최초의 금속 화폐입니다. 이를 통해 고려 시대에 활발한 경제 활동과 무역이 이루어졌음을 알 수 있습니다.
3. ㈎ 벽란도는 예성강 하구에 위치한 국제 무역항으로 다른 나라 사람들이 오고 가기에 편했습니다. 고려를 찾는 사신 역시 벽란도를 통해 개경으로 들어가곤 했습니다.

17 고려는 다른 나라에 어떤 물건을 사고팔았나요?

반짝퀴즈 115, 117쪽

> Q1. 송   Q2. 고려양

1. 고려는 금, 은, 나전 칠기, 고려청자, 화문석, 인삼, 종이, 먹 등을 송에 수출했고, 비단, 자기, 약재 등을 수입했습니다.
2. 고려에서 유행한 원의 풍습을 몽골풍, 원에서 유행한 고려의 풍습을 고려양이라고 합니다.

역사 쏙쏙 118~119쪽

> 1. ① 2. ④ 3. ①

1. 제시된 것들은 고려 시대에 고려와 송이 교류를 통해 주고받은 물건들입니다. 고려는 여러 나라 중 송과 가장 활발하게 교류했습니다.
2. ④ 떡과 쌈은 원에서 유행한 고려양입니다.
3. 고려 인삼은 질이 좋기로 소문이 나 다른 나라 상인들에게 인기가 많았습니다.

18 최무선과 문익점은 무슨 일을 했나요?

반짝퀴즈 121, 123쪽

> Q1. 최무선   Q2. 목화

1. 최무선은 고려 시대에 화약 무기 개발로 공을 세운 인물입니다. 화약 무기를 만드는 관청인 화통도감의 설치를 건의하기도 했습니다.
2. 목화 재배에 성공하면서 백성은 솜옷과 솜이불을 만들어 추운 겨울을 따뜻하게 보낼 수 있게 되었습니다.

역사 쏙쏙 124~125쪽

> 1. ㈎, ㈏ 2. ④ 3. ④

1. ㈎ 화약 개발에 성공한 최무선은 ㈏ 화약 무기를 만들

고 관리하는 화통도감 설치를 건의했습니다.
2. 목화를 재배하기 전 고려 사람들은 추운 겨울에도 얇은 삼베나 모시옷을 입었는데, 겨울바람을 막아 주지 못해 매우 추웠습니다.
3. 문익점이 목화 재배에 성공하자 고려 사람들은 더 이상 추운 겨울을 보내지 않게 되었습니다.

19 고려 시대 인쇄술은 어떻게 발전했나요?

반짝퀴즈 127, 129쪽

Q1. 금속 Q2. 삼국유사

1. 현재 남아 있는 가장 오래된 금속 활자 인쇄본인 『직지심체요절』은 그 우수성을 인정받아 유네스코 세계 문화유산으로 지정되었습니다.
2. 일연이 쓴 『삼국유사』는 김부식의 『삼국사기』와 함께 고려 시대에 만들어진 대표적인 역사책입니다.

역사 쏙쏙 130~131쪽

1. (1) ○ 2. (1) ③ (2) ② (3) ① (4) ④ 3. ⑤

1. 고려 시대에 불경을 읽는 사람들이 많아지면서 인쇄 기술이 발전하였습니다. 목판 인쇄 기술은 훗날 금속 활자의 발명으로 이어졌습니다.
   (1) 고려 시대에 만들어진 최초의 금속 활자 인쇄본인 『상정고금예문』은 서양의 것보다 약 200여 년 앞선 것으로 알려져 있습니다.
2. 일연의 『삼국유사』, 이승휴의 『제왕운기』, 김부식의 『삼국사기』, 이규보의 『동명왕편』은 모두 고려 시대에 쓰여진 역사책입니다.
3. 『직지심체요절』은 현재까지 남아 있는 금속 활자 인쇄본 중 가장 오래된 것입니다. 『직지심체요절』보다 앞서 『상정고금예문』이라는 금속 활자 인쇄본이 있었다는 기록이 있지만 현재 전해지지 않습니다.

20 고려 시대 불상은 왜 크고 모양이 다양한가요?

반짝퀴즈 133, 135쪽

Q1. 불상 Q2. 천태종

1. 고려 시대의 불상은 투박하고 거대한 몸집에 기이한 모양을 특징으로 합니다.
2. 의천은 갈라진 사람들의 마음을 하나로 모으고자 교종과 선종을 절충한 천태종을 주장했습니다.

역사 쏙쏙 136~137쪽

1. (3) ○ 2. ⑤ 3. ①

1. 제시된 내용은 고려 시대의 불상에 관한 설명입니다. (3)은 관촉사 석조 보살 입상으로, 고려 시대의 불상입니다.
   (1)은 불화인 「수월관음도」, (2)는 석탑인 평창 월정사 팔각 구층 석탑입니다.
2. ⑤는 고려 시대에 화약과 화포를 개발한 최무선에 대한 설명입니다.
3. 의천은 천태종을 만들어 여러 갈래로 갈라진 고려 사람들의 마음을 하나로 모으고자 했습니다.
   ②는 묘청, ④는 고려 문종에 대한 설명으로, 의천은 고려 문종의 아들입니다.

와우~
3권을 모두 끝냈네요!
4권에서 다시 만나요!

NE 능률

NE능률과 함께 *Learn* 아이와 함께 *Run*

NE능률플러스 학습단 모집

NE능률플러스 카페에서는 매월 셋째 주 학습단을 모집합니다.
4주간의 학습단 활동으로 **엄마표 학습 노하우와 교육 정보**를 얻고,
아이의 자기주도 학습 습관을 길러주세요.

▶▶ 카페바로가기

NE능률플러스 카페 ▼

모집 대상 유·초등 자녀 교육에 관심이 있는 학부모
모집 기간 매월 셋째 주 모집 (학습단 공지&발표 게시판)
학습단 혜택 - 교재 및 활동 지원금
　　　　　　 - 매주 진행되는 깜짝 이벤트와 푸짐한 경품
　　　　　　 - 학습 독려 쪽지 발송
　　　　　　 - NE Times 영자신문 1개월 구독권

학습단 소개 러닝맘
　　　　　　 - 다양한 활동과 일상을 공유하는 서포터즈
　　　　　　 교재 리뷰단
　　　　　　 - 생생한 교재 후기를 공유하는 프로 학습러
　　　　　　 맘스터디
　　　　　　 - 엄마표 학습 꿀팁을 나누는 온·오프라인 스터디
　　　　　　 자율학습단
　　　　　　 - 스스로 공부 습관과 완북의 성취감

5권 구매 등록마다 선물이 팡팡!

세토 시리즈
래빗 포인트

★★ **래빗 포인트 적립하기**

🐰 **포인트 번호**

OC8J-UGD4-IIJ4-70K2

 래빗 포인트란?

NE능률 세토 시리즈 교재 구매 시
혜택을 드리는 포인트 제도입니다.
1권 당 1P가 적립되며, 5P 적립마다
경품으로 교환 가능합니다.
(시리즈 3종 포함 시 추가 경품 증정)

 포인트 적립 방법

1   세토 시리즈 교재 구입
2   래빗 포인트 적립 페이지 접속
    (QR코드 스캔)
3   NE능률 통합회원 로그인
4   포인트 번호 16자리 입력

 포인트 적립 교재

- 세 마리 토끼 잡는 독서 논술
- 세 마리 토끼 잡는 초등 독해력
- 세 마리 토끼 잡는 급수 한자
- 세 마리 토끼 잡는 초등 어휘
- 세 마리 토끼 잡는 역사 탐험
- 세 마리 토끼 잡는 초등 한국사
- 세 마리 토끼 잡는 쓰기

★ **포인트 유의사항** ★

- 이름, 단계가 같은 교재의 래빗 포인트는 1회만 적립 가능하며, 포인트 유효기간은 적립일로부터 1년입니다.
- 부당한 방법으로 래빗 포인트를 적립한 경우 해당 포인트의 적립을 철회하고 서비스 이용을 제한할 수 있습니다.
- 래빗 포인트에 관한 자세한 사항은 래빗 포인트 적립 페이지 맨 하단을 참고해주세요.

NE 능률